CCISSR

■ 北大保险时评书系

CCISSR

中国保险市场热点问题评析

（2011—2012）

孙祁祥 等◎著

北京大学中国保险与社会保障研究中心（CCISSR）

北京大学出版社
PEKING UNIVERSITY PRESS

图书在版编目(CIP)数据

中国保险市场热点问题评析.2011—2012/孙祁祥等著.—北京:北京大学出版社,2012.4

(北大保险时评书系)

ISBN 978-7-301-20443-6

Ⅰ.①中… Ⅱ.①孙… Ⅲ.①保险业-研究-中国-2011—2012-文集 Ⅳ.①F842-53

中国版本图书馆CIP数据核字(2012)第051424号

书　　　名:中国保险市场热点问题评析(2011—2012)

著作责任者:孙祁祥　等著

责 任 编 辑:郝小楠　锁凌燕

标 准 书 号:ISBN 978-7-301-20443-6/F·3126

出 版 发 行:北京大学出版社

地　　　址:北京市海淀区成府路205号　100871

网　　　址:http://www.pup.cn

电　　　话:邮购部62752015　发行部62750672　编辑部62752926
出版部62754962

电 子 邮 箱:em@pup.cn

印　刷　者:三河市北燕印装有限公司

经　销　者:新华书店

730毫米×1020毫米　16开本　16.25印张　172千字

2012年4月第1版　2012年4月第1次印刷

定　　　价:42.00元

目录 CONTENTS

理论综合

行业发展与规划

政策与监管

企业经营与市场环境

保险投资

养老与保险

CCISSR 理论综合

2011年中国保险业回眸与思考(上)

郑　伟

2012-01-10

2011年是“十二五”规划的开局之年,这一年保险业发生了很多事,在我看来,有以下四类八件大事留下了较为深刻的印记。

第一类是宏观方面,包括:(1)《中国保险业发展“十二五”规划纲要》发布,(2)保监会高调关注消费者权益保护。第二类是市场方面,包括:(3)车险“无责不赔”和“高保低赔”风波,(4)寿险发展遭遇瓶颈。第三类是监管方面,包括:(5)银保业务监管指引发布,(6)保监会发力加强中介业务检查,(7)保险公司首次发布年度信息披露报告。第四类是开放方面,包括:(8)入世十年盘点保险业对外开放。

(1)《中国保险业发展“十二五”规划纲要》发布。

2011年8月,指导中国保险业2011—2015年发展的重要纲领性文件——《中国保险业发展“十二五”规划纲要》正式发布,规划提出2015年,全国保险保费收入争取达到3万亿元,保险深度达到5%,保险密度达到2 100元/人,保险业总资产争取达到10万亿元。

我将保险业“十二五”规划与“十一五”规划作了一个简单对比,发现二者的“总体目标”高度相似。这说明什么?这说明这个五年规划的总体目标,不管是“十二五”的,还是“十一五”的,其实不是五年目标,而是一个长期目标。此外,“十二五”规划将“基本建成”现代保险业改为“初步建成”,怎么理解?我的理解是,“初步建成”的表述比“基本建成”更加谦逊,这并不意味着我们降低了发展目标,而是意味着我们对建成符合一定标准的现代保险业这一任务的艰巨性和长期性有了更加清醒的认识,做好了打持久战的准备,所以,我们承认“十一五”期间未能“基本建成”,而且预期“十二五”期间也难以“基本建成”,所以确立了一个更加务实的目标——“初步建成”。

(2)保监会高调关注消费者权益保护。

2011年10月,中国保监会正式设立保险消费者权益保护局,消费者权益保护工作被提上重要议事日程。2011年12月7日,履新保监会主席一职38天的项俊波先生打破静默,高调谈论保险消费者权益保护问题。

不需罗列调查数据,仅凭我们“道听途说”的生活经验就可以初步判断，中国保险消费者权益侵害问题十分严重！造成这种现象的原因是多方面的，这其中可能有需求方即保险消费者的理解和认知局限的原因，但必须正视的是，造成保险消费者权益侵害的主要还是供给方和监管方的原因。

关于保险消费者权益保护，我们提出五个基本理念：① 保险消费者保护是保险业持续发展的基础。二者短期有矛盾，但长期相一致。② 保险监管的最大职责是保护保险消费者的合法权益，而不是推动保险业的发展。保险业对经济社会发展的可能破坏作用，不是体现在保费增速放缓上，而是体现在偿付能力不足、销售误导、理赔纠纷等保险消费者权益侵害问题上。③ 公众保险消费教育是保险消费者保护的重要防线。要用专业知识武装消费者，让消费者增强自我保护能力。④ 正确把握保险消费者保护与反保险欺诈的关系。不保护保险消费者中的少数保险欺诈者的“权益”，实际是对大多数保险消费者的保护。⑤ 保险消费者保护应避免矫枉过正。只有当监管的社会效益高于企业合规成本和监管成本之和，从社会总福利的角度看，才是理性的选择。

（3）车险“无责不赔”和“高保低赔”风波。

2011 年，从“无责不赔”到“高保低赔”，车险话题成了社会公众和新闻媒体关注的焦点话题。怎么看待其中的争议？

首先，“高保低赔”反映了车险制度的瑕疵，虽然宏观上可能没有显失公平，但在微观上存在问题，相应条款需要改进。其次，车损险“无责不赔”条款存在严重缺陷，非修订不可，否则是对车险消费者权益的严重侵害。

从此番车险风波和争议中，我们至少可以得出几点重要启示和思考:第一,不应以所谓的“行业惯例”来对抗消费者的“合理期待”,保险业应从“因为怎么保,所以怎么赔”转变为“应当怎么赔,所以怎么保”,并以这个思路来推动车险产品、服务和制度改革。第二,保险监管部门应当更加关注保险消费者权益保护工作。在监管工作上,比如对保险产品的审批和备案上,必须将保护保险消费者权益落到实处。如果经保险监管机构审批和备案的保险产品,后来被证明其本身就侵害了消费者权益,那么监管部门就难辞其咎了。第三,保单“个性化”应是标准化基础上的个性化,不应以“个性化”否定保单“标准化”的进步意义。一方面,保单阅读成本高,行业应有统一示范性车险基本条款,以降低市场交易成本;另一方面,费率可以放开,同时以偿付能力监管来抑制不正当竞争。

(4) 寿险发展遭遇瓶颈。

2011 年,寿险增速明显放缓,发展遭遇瓶颈。寿险市场在 2011 年为何增长乏力呢? 我想至少有三个方面的原因:一是直接原因,二是基础原因,三是深层原因。

从直接原因看,主要受宏观经济形势的影响。比如国家宏观调控、GDP 增速放缓、紧缩货币政策、利率上升、通胀率上升等影响。这点大家说得比较多了,不再赘述。

从基础原因看,主要是寿险产品和服务的缺陷。一是寿险产品定位缺陷。许多寿险产品轻保障,重储蓄投资,与银行储蓄投资产品差别不大,所以宏观形势一变,就可能出现所谓“与银行理财产品竞争乏力”的问题。二是寿险产品设计缺陷。很多应当纳入保障范围的责任没有纳入保障范围,都放到责任免除中去了,比如意外险的责任免除太多了。三是寿险产品定价缺陷。有些产品赔付率太低，才百分之十几。赔付率太低的产品是“不道德”的产品，若赔付率太低，该产品的正义性和合理性将遭到质疑。四是寿险公司服务缺陷。最突出的是销售误导和理赔难，让消费者对寿险失去信心。

从深层原因看，主要是保险与经济发展阶段的关系。虽然中国保险业发展还处于初级阶段，但是相对于中国的经济发展阶段来说，应该说保险业发展水平不低了。我们不能直接拿中国的保险业和美国的保险业比，而应当拿中国的保险与经济的相对关系与美国比，这么比，中国保险业的相对水平不低了。未来中国保险业仍有很大的发展潜力，但是这个潜力不是一两年、三五年就全部释放出来，而是慢慢地、随着经济的发展逐步释放的，未来的这个发展不可能仍像过去30年那样高速增长了。所以，在一些时期，保险业增速放缓是正常现象。

（未完待续）

2011年中国保险业回眸与思考（下）

郑　伟

2012-01-17

（接上篇）

本文上篇讨论了2011年中国保险业在“宏观”和“市场”方面的四件大事，本篇继续讨论在“监管”和“开放”方面的四件大事。

（5）银保业务监管指引发布。

2011年3月，保监会和银监会联合发布《商业银行代理保险业务监管指引》，这是迄今为止两大监管机构对银保市场较为全面的规范性文件，对于保护消费者权益、规范银保市场秩序、指导银保监管工作将发挥积极作用。

近年来,银保业务发展迅速,通过银行渠道销售的保费收入占人身保险保费总量近50%,对保险业尤其是人身保险业的发展起着举足轻重的作用;对银行业增加中间业务收入、丰富产品体系也具有重要意义。但同时,存在的问题也十分突出。保监会调研指出,部分保险公司和银行盲目追求规模,对销售人员培训不到位,对销售过程和业务品质管理粗放;有些销售人员受利益驱动,在销售过程中采取夸大保险产品收益、将保险产品与存款混淆、隐瞒风险和费用扣除等方式误导消费者购买;一些中老年人、低收入者受销售人员误导,致使"存单变保单"的事件屡有发生,使消费者权益受到了损害。这些问题客户投诉比较集中,社会反映强烈,如不妥善整治,不仅会对银保市场的可持续发展造成负面影响,还会影响保险业和银行业的声誉。

银保业务涉及保险和银行两类机构,监管涉及保险监管和银行监管两个部门,这其中的问题不可能通过一个《监管指引》就迎刃而解,有些问题甚至可能长期存在,部门之间的摩擦有时也难以避免。凡此种种,都需要一种超越部门利益的、关于银保业务发展和监管的战略思维、制度安排和协调机制。

(6) 保监会发力加强中介业务检查。

2011年,保监会在全国范围内加大保险公司中介业务检查的力度,治理中介业务乱象。2011年全年共检查保险基层机构103个,涵盖33家省级分支机构和20家保险法人,延伸检查保险中介机构120家,查实违法违规套取资金8 065.8万元,涉及保费8.55亿元。依法处理保险公司各级各类管理人员87名、保险机构55家、保险中介机构54家。针对检查情况,保监会还对14家保险总公司发出监管函，详细通报各公司被查基层机构违法违规问题，并提出综合性整改要求。

开展保险公司中介业务检查已经连续进行了3年，2009年是“解剖麻雀”，揭示问题；2010年和2011年持续深入检查，查出了大量违法违规问题。保监会开展保险公司中介业务检查，其核心是“通过依法严厉查处保险公司利用中介业务和中介渠道弄虚作假、套取资金等违法违规行为，督促引导保险公司与保险中介之间建立真实、合法、透明的关系，着力规范保险中介市场秩序”。

这里有一个问题需要深思：为何市场上耳熟能详的大公司基本都登上了“黑名单”？为何保险公司中介业务违法违规如此普遍？如果是个别公司违法违规，那可以说是个案；如果是整个市场主体普遍都在违法违规，那么就要从更深的制度层面、从“根”上去找原因了。治标是必要的，尤其对于我们这样一个初级阶段的保险市场；但同时，治本之策更重要，只有标本兼治，才能建立解决问题的长效机制。

（7）保险公司首次发布年度信息披露报告。

2011年是历史上要求中国保险公司发布年度信息披露报告的第一年，除个别公司因正在重组未披露外，其他110余家保险公司都发布了2010年度信息披露报告。

2011年7月，我们在各公司相关信息披露的基础上，对中国保险公司2010年度信息披露状况进行了评估。评估发现，第一，从评估分数的总体分布看，在选取的111家保险公司中，信息披露评估分数高低差异巨大。第二，从中外资公司比较看，外资保险公司信息披露质量总体上优于中资保险公司。第三，从产寿险公司比较看，财产保险公司的信息披露评估分数的均值与人身保险公司差别不大，但标准差要小于人身保险公司，这说明财产保险公司的信息披露评估分数分布相对于人身保险公司更加集中。第四，从信息披露的分项比较看，保险公司在“保险产品经营信息”和“偿付能力信息”两项上评估分数均值较高，在“财务会计信息”和“基本信息”两项上评估分数均值中等，在“风险管理状况信息”一项上评估分数均值最低。

我们在研究中发现，目前保险公司信息披露制度有两个亟待解决的问题：一是信息披露内容需要进一步具体和统一，以提高信息披露的质量和可比性，同时也便于社会公众对信息的阅读和使用，提升信息披露的作用和意义。二是行业统一信息披露平台的建设。如果没有行业统一的信息披露平台，保险公司信息披露的公信力将大打折扣，许多监管要求难以真正落实。

（8）入世十年盘点保险业对外开放。

2011年12月，中国入世整整十年。保险业作为中国入世谈判的焦点和入世后对外开放的排头兵，在中国整个对外开放战略布局中一直居于重要地位。十年来，中国保险市场中外资保险公司共同发展、互利共赢的开放格局已初步形成。

在“引进来”方面，截至2011年11月末，共有16个国家和地区的保险公司在我国设立了54家外资保险公司，设立各级分支机构近1300家。在北京、上海、深圳、广东等外资保险公司相对集中的区域保险市场上，外资保险公司发展较快，市场份额分别为11.91%、13.54%、5.85%和6.66%。在“走出去”方面，共有8家中资保险公司在中国大陆以外地区设立了27家保险营业机构，6家中资保险公司设立了8家海外代表处；2011年12

月，中再集团正式加入劳合社。在国际监管合作方面，保监会于2000年加入国际保险监督官协会（IAIS），并分别于2008年和2010年成为IAIS执行委员会和审计委员会成员，中国保险业的国际话语权不断提升。

关于中国保险业的对外开放，有一系列重要基础性问题值得认真思考。在此，我们提出五个基本理念，它们是：①“互利共赢”而非“零和博弈”是保险业对外开放的战略基石；② 保险业对外开放应当遵循“三个有利于”的判断标准：有利于保险业服务经济社会发展，有利于提高中国保险业的国际竞争力，有利于改善保险消费者的福利；③ 对外开放下的保险监管更应关注“宏观审慎监管”的最新趋势；④ 保险业“走出去”将成为服务国家战略的必然要求；⑤ “全球统一监管规则”将对保险业开放格局产生深远影响。

风险社会与社会风险管理

刘新立

2011-12-29

近日，中国保监会下发《中国保监会关于保险业参与加强和创新社会管理的指导意见》，其中提出，要"努力满足社会风险管理需求，提高社会管理水平"。由此可见，社会风险管理已经日益受到监管部门的重视。在社会管理这一保险功能发挥中，社会风险管理无疑占有重要地位，那么，社会风险管理和我们经常讨论的企业风险管理以及个人风险管理有何区别？它又为何如此重要？

社会风险管理最早由世界银行提出。1999

年，为应对经济全球化背景下对社会发展的严峻挑战，世界银行提出了社会保障政策的全新理念，旨在拓展现有的社会保障政策思路，从系统、动态和综合决策的角度合理配置政府社会保障计划、市场商业保险计划及传统家庭、社区计划的综合保障功能，构建社会风险控制机制、社会风险预警机制、社会风险补偿机制，为有效处置社会风险提供一种具有重要决策价值的创新性制度和策略框架，实现经济社会的平衡发展和可持续发展。也就是说，狭义的社会风险管理针对的是社会保障领域，它是这方面的企业所做的风险管理工作以及个人风险管理措施的整合，当然也包括传统的政府所做的工作。之所以要在此领域提出这个创新的理念，号召进行创新性制度安排，是缘于新形势下各国面临的日趋严峻的社会风险。这一背景很容易使人联想到风险社会的概念和理论。

风险社会的理论于 1986 年由德国著名社会学家乌尔里希·贝克提出，其深刻的洞察力和广泛的号召力现已在某种程度上被证实。贝克在其《风险社会》一书中，首次使用了“风险社会”的概念来描述当今西方高度发达的现代社会，反思、批评现代性出现以来风险因素日益突出的社会现象，并提出了风险社会理论。他对风险进行了精心的推敲，拓宽了人们理解风险的视野。贝克从历史的角度，按不同的社会形态将社会风险划分为三类：一是前工业社会的风险，主要是地震、飓风、传染病等外部力量导致的风险；二是工业社会早期的风险，主要表现为安全事故、劳资矛盾、两极分化、失业、腐败等；三是后工业社会时期的风险，也称现代风险，主要包括环境污染、生态恶化、核技术威胁、化学和基因风险。风险社会理论源于对现代性的反思，以现代化进程为核心的现代性，犹如一把双刃剑，使人类在对主宰自己命运的种种不确定性进行技术控制的同时，自己已经成为最大的不确定因素。这一理论认为，人类面临着威胁其生存的由社会所制造的各种风险，这些风险是现代性导致的后果，它们的来临意味着未来不确定性的极度增长。

社会风险管理的成效取决于我们要对什么样的社会风险进行管理，以及怎样管理。

首先，对社会风险的特点以及发展动向进行分析是必要的。不可否认，随着经济的逐步繁荣，我们越来越清晰地认识到，人类正在逐渐走向一个风险高度集中的现代社会。但我们对社会风险的理解似乎和贝克的三阶段划分还有些不同，似乎并没有这样的层次，自然灾害、贫困问题、环境污染经常是置于一个层面去讨论的，这样一来，风险社会的很多讨论就无法体现，社会风险管理对当今这个社会的重要性也体现得不够充分，因为我们对风险的关注并没有与风险社会对现代性的批判相吻合，这就没能揭示社会发展到当前的阶段，其在当前以及未来的发展中面临的严峻局面。保险是以风险为经营对象的，我们并不是只能管理社会风险，还能管理企业面临的特有的风险，以及家庭和个人面临的风险，那么，在诸多风险中，为什么要对社会风险进行管理？社会风险有何区别于其他我们所管理的风险的特点？社会风险管理有何重要性？实际上，自风险社会理论被提出后，国内外学者通常把社会风险界定为：个人或团体反叛社会行为引起的社会失序和不稳定的可能性。著名英国社会学家吉登斯指出，当代社会的变革带来了人为不确定性的增加，使现代社会成为一种风险社会，不仅既有的制度蕴藏着、制造着巨大的风险，而且制度建设的目的也要转向预防风险，尤其是人为风险的出现。现代社会风险的人为性、广泛性、突发性、不可控性等诸多特点，既对保险业提出了挑战，也是促进保险业创新发展的机遇。

其次，怎样进行社会风险管理？既然社会风险不同于传统的风险，社会风险的管理也势必具有独特之处。实际上，在世界银行提出这一概念之时就已指出了其系统、动态、综合的特点。从更广阔的视野来看，保险作为社会风险管理中的生力军，如何在这样一个全面的体系中发挥作用，如何和其他社会风险管理的部门以及组织进行配合与协调，是值得讨论的。就保险业自身来说，也更应关注保险作用的精髓。无论是发达国家，还是发展中国家，社会管理都直接关系到社会的稳定和谐，影响到每个人的日常生活。从这个意义来说，社会管理中很重要的一部分是对社会生活中的不确定性进行管理，是社会风险的管理。保险业在管理风险方面具有独特的优势，即损失补偿和安全激励的有机结合。损失补偿是事后行为，安全激励着眼于事前，更具有积极意味，二者的“联手”，在社会风险管理的画面中会显现出精彩的一笔。

保险业发展需要实现五大转变

孙祁祥

2011-12-07

2011 年是中国“十二五”计划的开局之年，也是中国“入世”十周年。在当前错综复杂的国际国内大环境中，在各种不确定因素交织作用、对各行各业都会产生很大冲击力和负面影响的前提下，我国保险业如何化“危”为“机”，趋“利”避“害”，在现有的发展基础上更进一步壮大其实力，提升其国际竞争力，真正承担起为国民经济保驾护航的重要使命，实在是值得业界、学界和监管部门共同探讨的重要议题。

当前的发展基于过去的积累。应当说，经

过30多年特别是“入世”后十年的发展，我国保险业取得了骄人的成就。如果要对过去三十年的发展脉络做一个提炼和总结的话，我想应当是：产业从小到大；公司从少到多；产品从简到繁；经营从粗到细；监管从虚到实。但要真正奠定其在国民经济中的重要地位，保险业显然不能满足于目前已经取得的业绩，而是需要上升到一个更高的层次，那就是产业从“大”到“强”；公司从“多”到“优”；产品从“繁”到“好”；经营从“细”到“精”；监管从“实”到“准”（该管的管，不该管的放，要管就要管到位）。保险业如果不能实现这五大转变，上升到一种新的境界，我们就无法达到一个成熟市场的要求。

然而，国际经验告诉我们，从“小”到“大”易，从“大”到“强”难；从“少”到“多”易，从“多”到“优”难；从“简”到“繁”易，从“繁”到“好”难；从“粗”到“细”易，从“细”到“精”难；从“虚”到“实”易，从“实”到“准”难。观察目前中国的市场，存在许多问题和矛盾。我在几年前曾提出我国保险市场上存在“五多五少”的现象，即“同质产品多，个性产品少”；“综合公司多，专业公司少”；“产品竞争多，服务竞争少”；“机构开设多，市场培育少”；“人员流动多，人才储备少”。几年过去了，上述情况有所缓解，但总体状况仍没有得到根本改变。除了这“五多五少”现象以外，行业的诚信度不够、竞争失序、创新能力不足等问题也非常突出，由此反映出我们这个市场还是非常地非理性和不成熟。

上述问题的核心还是一个业界已经取得了共识的“增长方式不合理”的问题，更具体地来说，就是“数量、规模为先，忽视质量和效益”。在这种指导思想下，公司对保费规模和市场份额的竞争，必然会导致上述问题。但是，为什么长期以来各公司要拼命追求保费规模和市场份额？该问题存在的深层次原因到底是什么？这是需要认真探讨的。否则，解决方案难以对症下药。

在我看来，之所以长期存在这样一种以“数量扩张”为标志的增长模式，有以下几个原因：

第一，由“大数定律”所导致的保险公司所具有的内在的扩张冲动，这是经营规律使然。众所周知，假定其他条件不变，保险标的越多，实际损失与预期损失发生的偏差就可能越小，保险公司的经营就会越加稳定，这就使得保险公司有着内在的扩张冲动。

第二，中国市场经济发展的需要与保险这个弱小产业之间的矛盾所导致的扩张冲动，这是供求规律使然。市场经济的内核之一就是自保障，当逐渐脱离了计划经济庇护的企业、家庭和个人，在没有了从“摇篮”到“墓地”的全程保护以后，必然要找到一种新的保障方式，由此对商业保险提出了巨大的需求。但产业的弱小却无法提供和实现这种保障，因此，襁褓中的保险业只能靠非常规的增长方式来实现跨越式发展，以迅速收窄供给与需求之间的差距。

第三，由国际环境所导致的扩张冲动，这是竞争规律使然。中国与其他发达国家在发展其保险业时所面临的最大不同就是，产业发展伊始就面临着“全球化”的境遇，面临着实力极其雄厚的国外同行进入中国并且与之竞争的残酷局面。“落后必然挨打”的历史教训与严酷的现实逼迫中国保险公司，必须迅速地做大做强，否则就会被无情的竞争所淘汰。

第四，由保险业的评价指标体系所导致的扩张冲动，这是激励机制使然。在很长的一段时间里，我国保险法规、监管部门和业界都是以“保费指标”作为最重要的指挥棒，这就不难解释以“市场份额”论成败的现象。

第五，整个中国经济长期所实施的粗放、外延式的增长方式的影响是其更深层次的原因所在，保险业作为其中的一个部门不可能“独善其身”，这是路径依赖使然。

在较长的一个时期内，国内保险基础非常薄弱、保险密度和深度都很低的客观现实和上述五个原因的共同作用，导致这样一种数量扩张型的增长方式的存在具有了一种可能性和必然性。但在经过了三十多年的发展以后，情况发生了很大的变化。虽然由“大数定律”所导致的保险公司所具有的内在的扩张冲动是行业与生俱来的因素，不可能消失；而由中国整体经济增长方式的外在影响所导致的扩张冲动对保险行业的发展仍具有较强的影响作用；但由中国市场经济发展的需要与保险这个弱小产业之间的矛盾所导致的扩张冲动和由国际环境所导致的扩张冲动已经大为减弱；经过保险法规的不断修订及监管理念的不断调整，由评价指标体系所导致的扩张冲动也在降低。这说明，保险业的增长基础和发展动力已经发生了变化。此外，我国保险业世界排名从 80 年代初的第四十名进入到 2000 年的第十六名再到 2010 年的第六名的位序变化；三十年来年均 25% 的增长率以及自 2008 年以来，每年增长达一万亿以上的资产规模，都让我们看到了这个行业快速的增长能力。加之中国目前占世界人口总数第一、经济总量世界第二，国家新型战略产业的推出、不断提高的人均收入水平和金融资产规模，城镇化、工业化进程的持续，供需双方的各种数据都表明，我国保险业由初级阶段向中级阶段发展的客观必然性大大增强。因此，我们必须抓住这个战略机遇期，进行五大转变，尽快实现这个跨越。

如何实现五大转变？我认为，做好以下几项工作是非常关键的。限于篇幅，我仅摘要提出一些要点：其一，必须强调有质量的增长，行业发展的考核指标、评价指标都应围绕效益、质量、产业升级来做。其二，平衡好四组关系，一是平衡好构建保险业的核心竞争力与向外渗透其影响力的关系，有所为，有所不为；二是平衡好综合发展与重点突破的关系，包括地域、险种、产品等各个方面；三是平衡好承保业务与投资业务的关系；四是平衡好"国内深耕"与"国际试水"的关系。其三，要警惕和不断地跨越两个瓶颈和两个陷阱，即"人才瓶颈"、"投资瓶颈"及"声誉陷阱"和"制度陷阱"，以保证行业的发展具有坚实的基础和宽松和谐的环境。其四，监管要做到顺应市场规律，鼓励创新，防范风险，与时俱进。

有效益的增长？关键在于适应风险结构的改变

锁凌燕

2011-06-15

新近公布的保险业2011年1—4月经营数据，牵动了很多人的神经。从总保费收入来看，相比去年同期增幅不超过1%，其中寿险保费收入同比下滑4个百分点，而产险保费收入虽相比同期有近15个百分点的增长，但月增长速率相对第一季度的表现却大大逊色。是银保新政实施带来的短期冲击？是汽车销售量下滑造成的压力？是调结构见了成效？如人饮水，冷暖自知。战斗在第一线的业者对这些数据会有更深刻的理解。更引人深思的是，在保险业一年的资产额增幅就达到一万亿的现在，在保费收入以两位数的增长率扩张的难度越来越大的今天，应该以什么样的视角看待保险业的增长？又应该为创造保险业明天的辉煌做些什么样的准备？

没有人会不喜欢高速增长的前景。特别是在保险业恢复发展的前二三十年间，行业中压倒性的矛盾是改革开放过程中不断扩大保险需求与过小的行业供给能力之间的矛盾，高速度的扩张是保险业发挥其功能的重要前提；即便是在行业规模屡屡站上新台阶的今天，高速度所代表的成长机会和话语权仍然十分诱人。现在大家已经认识到了过去的"数量扩张战略"所埋下的种种隐患，认识到了片面追求速度所造成的各种问题，但这只是意味着我们更希望有效益的速度，而不仅仅是一组空洞的毫无质量内涵的数字。

那么，什么样的速度才是有质量的、有内涵的？衡量起来无非两个指标：经济效益和社会效益，二者不能偏废。如果没有可观的经济效益，股东不答应；如果没有良好的社会效益，消费者不认可，行业的速度和效益都没有办法持续。

不禁要问，在现代社会，保险业要创造的社会效益之核心是什么？回答这个问题其实很简单。既然保险业是经营风险的行业，求解的关键就是理解现代社会的风险结构和特征，并且去满足这样的风险结构所提出的保障要求。

必须注意的是，现代社会的主导性风险已经由自然风险转变为人为风险。这一点在近年来的一系列"食品添加剂"风波中体现得淋漓尽致。食品添加剂是现代科技进步的产物。从其功能而言，它可以防止食品腐烂变质，增强食品感官性状，甚至可能是食品加工过程的必需品——譬如盐卤之于豆腐；从其社会价值而言，它使得食品的工业化生产成为可能，也使得人们可以随时随地满足口腹之需，伴随而来的社会分工深化和人类活动时空的拓展更是极大地推动了经济社会发展。但食品添加剂的使用，也为人们的餐桌增加了很多风险。一方面，各种添加剂虽然是人类发明创造出来的，但是对人体健康的影响并不确切，且不说一般消费者，即使是专业人士，由于临床证据的缺乏，在现阶段也不能充分地了解很多添加剂的健康含义。另一方面，信息不对称引致巨大的道德风险。消费者不能观察生产过程，不能通过观察或品尝食品来识别其中添加物的类型与剂量，处于信息劣势地位；在利润的诱使下，生产者往往会铤而走险，任意扩大食品添加剂的范围、超量使用食品添加剂，甚至把“三聚氰胺”、“瘦肉精”、“塑化剂”等一些不应该出现的“料”也加了进来。这类风险正在越来越深刻地影响我们的生活和我们所处的社会。

与传统社会风险结构中占主导地位的自然风险不同，人为风险能够全球传播，突破了自然风险的时空界限，传播路径与后果都具有很大的不确定性。从其本源讲，人为风险是工业化、现代化的产物，是各种社会制度，特别是工业制度、法律制度、技术与科学等共同作用的结果；与此同时，人们为了规避人为风险，进一步主动地采取了更多的制度建设活动，这使得现有的社会制度及关系更加复杂，而这本身又创造了制度运转失灵的风险，制度网络的脆弱性不容忽视。

风险结构的这种改变，对于经营风险的保险业而言，意味着什么呢？

第一，新型险种需求的增加及服务的风险管理化。可以预见，伴随人类活动范围的扩大和复杂化，人为风险还会不断扩大，以责任保险、医疗保险为代表的新型险种之需求必然会不断增加，成为保险业新的增长点。与此同时，面对科技的日益创新、法律环境的不断变化，人为风险的管理越来越复杂，无论是从消费者需求的角度来看，还是从保险公司管理承保风险的角度来看，提供专业的、全面的风险管理服务越来越成为保险公司经营的重要方面，单纯的“收取保费—核保—理赔”业务模式越来越不具有竞争力。

第二，人为风险概率分布难以确定，本身并不完全满足可保风险的理想条件，这对保险业的创新发展提出了更高的要求。要做好新型产品的设计与定价等工作，保险公司除了要进行传统的物理学、工程学、生命科学等研究，需要越来越重视社会科学的研究和经济分析；不光要对各类具体风险问题、微观风险主体进行分析，还要对人为风险的治理、制度设计等进行研究，借此把握风险发生与传导的机理和危险程度。

第三，保险业必须将公司内控与风险管理上升到战略高度。保险业要实现效益，前提是自身的稳健；而正如前文所说，在现代的保险企业中，虽然制度越来越全面和复杂，但是也更为脆弱。一个企业内部不同部门或不同业务的风险，可能会相互叠加放大；在一个环节、一个部门上出了问题，有可能影响到整个企业乃至行业。完善的内控制度已经成为影响保险企业生存与发展的关键。

第四，必须加强保险监管的研究与创新。现代社会，创新层出不穷，产品种类的多样性、设计结构及技术的复杂性和交易渠道的复杂性都在急剧上升,而政府监管则显露出难以根除的局限性:相对庞杂的市场,监管资源总是有限的,而市场上的保险产品与服务千差万别,所采取的基础数据和技术模型各不相同,有限的政府部门工作人员很难与之“抗衡”。要提升监管效率,不光要增加监管投入,更要重视监管技术的创新。是否可以突破传统的“监督—命令—控制”的监管模式,采用风险管理的理论框架,再造监管流程,将资源优先配置在识别并消除具有系统重要性的风险上?如何培育、动员并利用其他社会力量,形成协同监管力量?……这些都是亟待研究的重大课题。

如何破解居民家庭“低投保率、低金融投资率”的困局?

肖志光

2011-05-11

近年来,随着家庭资产的不断积累,面临的风险种类更加多元化,风险总量也逐渐增加,居民家庭开始面临两个严峻的现实课题:一是家庭资产的有效配置,以实现资产的保值增值;二是家庭风险的有效管理,使各类风险得到可靠的保障。但是,当前我国居民家庭无论是在资产配置,还是在风险管理方面都存在很大不足,给家庭资产的保值增值和风险保障都带来诸多潜在隐患。

就资产配置而言,我国居民家庭资产主要

以房产和储蓄的形式存在,形式比较单一,没有实现资产的多元化配置,抗风险能力低。例如,2002 年国家统计局城市调查大队的调查数据显示,在户均 22.83 万元的家庭资产中,房产为 10.94 万元,占家庭财产的 47.9%;家庭金融资产为 7.98 万元,占家庭财产的 34.9%。而金融资产中,储蓄存款 51 156 万元,占金融资产的 69.41%;股票资产为 7 374 元,仅占 10%。在当前家庭资产结构中,资产总量由于房价攀升而迅速增加,但大多数家庭的房产为自己居住使用,没有市场变现能力,所以存在资产总量被动虚拟增加的现象。即使少数家庭的房产为投资性房产,在当前房产价格高位运行、政府宏观调控背景下,资产缩水的风险很大。而在金融资产中,储蓄存款占到 70% 左右,在当前通胀率居高不下,而存款利率又相对较低的背景下,收益率很低,甚至在不断贬值。

就家庭风险管理而言,我国居民家庭存在"重储蓄防范、轻保险保障"的现象。这种风险管理方式严重地制约了我国居民家庭的消费潜力,是造成我国居民家庭高储蓄率的重要原因,也存在"一夜返贫"的巨大潜在隐患。例如,在南方雪灾、汶川地震、上海教师公寓大火等众多重大灾害事故面前,都凸显出保险保障不足的问题。

因此,我国居民家庭金融行为特点可以概括为"低投保率、低金融投资率"(以下简称"双低")。造成这种"双低"困局的主要原因是保险产品功能单一、信誉度不高,证券市场发展不完善、风险程度高等客观环境因素。这些问题我们已经讨论过很多,但是从监管、市场供给方入手的各项改革都进展缓慢或收效甚微。在这个更多是"需求引致供给"的时代,我们为什么不转换思路，更多尝试从居民家庭的行为决策入手呢？

客观来说，居民家庭的风险管理理念、保险意识和投资观念等也是造成“双低”困局的一个重要原因。在保险购买和投资理财实际中，各种概念的炒作、各类欺诈误导案例的频发，一方面是概念制造者夸大其词和媒体大众片面理解、断章取义的结果，另一方面，当前人们浮躁的心态也一定程度上起到了推波助澜的作用。现代社会人们生活繁忙、节奏快，各类保险和金融投资产品名目繁多、广告铺天盖地，人们总是寄希望于一两个简单的方式方法或产品而达到“简单理财”、“快速致富”的目的。市场上充斥着海量的公司和产品宣传、投保投资和理财规划建议等信息，但是缺乏的是对消费者行为理念的梳理和引导。套用一个俗套点的流行句式，“这是一个概念纷飞的时代，这是一个理念缺失的时代”。殊不知，“市场瞬息万变，消费者才是王道”。因此，引导居民家庭培养树立合理的金融消费理念才是市场长远健康发展的根本所在。

居民家庭面临的风险多种多样，但无外乎两大类——客观损失风险和主动投资风险。前者是家庭面临的客观存在的纯粹损失性风险，包括意外事故、疾病医疗、法律侵权等风险；后者是运用家庭所持有的资产进行投资或投机而使资产面临的收益率不确定风险。两类风险分别对应保险购买和金融投资两种行为决策。无论是从理论还是实际出发，两种行为都不是独立的。我们必须对其进行综合管理，不可偏颇。客观损失风险管理再有效，金融投资决策失误将直接导致家庭资产的贬值缩水；金融投资收益再高，如果客观损失风险缺乏保障，一旦大的事故发生，也容易导致“一夜返贫”。也就是说，居民家庭必须树立综合风险管理理念,对两类风险进行统筹管理。首先,居民家庭应当根据其财富收入水平、风险厌恶水平选择一定的风险承受总量。然后,根据客观损失风险的规避成本(保险费率)和主动投资风险的收益水平(投资回报率)等因素将这一风险承受总量在两类风险之间进行配置。一种风险承受得多一点,另一种风险就相对减少一点。最后,根据家庭和市场情况的变化,进行不断的动态调整。

再具体一点,居民家庭应该首先罗列一下所面临的主要客观损失风险,哪些是自身可控的、可承受的,哪些是家庭经济能力不能承受需要通过投保进行转嫁的,并根据自身风险承受能力和购买能力选择一个合适的投保比例。在金融投资中,要尽量避免投机暴富的想法,树立长期投资理念。在全面了解各种产品风险程度的前提下,根据家庭资产规模、储蓄的目的,选择合适的投资产品和投资额度。使风险承受总量控制在家庭经济能力可承受范围内是家庭风险管理的根本前提,然后才是根据保险费率高低、投资产品的风险—收益状况,逐渐适度地调整投保比例和投资比例,以逐渐优化行为决策。每个家庭情况差异很大,不要盲目听从一些专家的所谓“××法则”,更不能轻信一些业务经纪人员的“神吹海侃”,而应该多咨询、多打听、多了解,最终还要自己多衡量、多判别,逐渐尝试和调整。在这个过程中,监管部门、行业协会应当扮演好规范市场宣传,提供信息查询和业务咨询等角色,引导居民家庭投保理财需求的合理释放。

保险业经济职能的发挥亟待结构转变

史丽媛

2011-03-30

保监会2011年3月24日公布的统计数据显示，今年前两个月全国原保费收入3 082亿元，同比仅增长3.2%，增速比1月份进一步下降1.3个百分点。其中，财产险原保费收入为712亿元，同比增长9.2%；人身险原保费收入2 370亿元，同比仅增长1.5%。业内人士指出，财产险保费增速下滑多是由于车险业务的拖累，而寿险保费停滞不前，一方面是受到2010年11月份出台的银保新政的影响，另一方面，则受到新会计准则的影响。

可以看出，保险业务结构已经开始影响保险规模的快速扩张。长期以来，我国保险业务结构不合理是公认的事实。对于财产险而言，车辆险业务占的比重过高，近年来占比一直在70%以上，并呈现持续上升的趋势。因此，财产险保费收入在很大程度上依赖车险市场的变化。2009年以来财产险市场保持较快增长的重要原因就是在购置税减半、汽车下乡、以旧换新等多项政策作用下汽车销售量激增，由此带动了车险保费收入的大幅增加。2010年年底部分城市开始实施机动车限购，汽车销量增速回落，引发车险保费大幅下降，进而导致财产险保费下滑；对于寿险而言，一方面由于保险公司追求保费规模的扩张，另一方面也由于消费者比较注重当期收益，致使投连险、万能险、分红险等投资类保险产品占据了寿险市场。随着新会计准则的实施，万能险和投连险很大一部分不能确认为保费收入，分红险则保持了“一枝独秀”，2010年分红险在寿险保费中的占比已超过70%。这也意味着，真正保障类的保险产品数量稀少，保险更多地是作为一种理财产品出现；此外，寿险业务的销售渠道由银保主导，银保业务占寿险业务比重超过50%，寿险业务的增长趋势在很大程度上取决于银行保险的增长情况。因此，随着会计新规和银保新政的实施，寿险保费出现下滑也在情理之中。

失衡的业务结构不仅会影响到保险业务规模的扩张，也不利于保险“经济推动器”功能的发挥。从理论上而言，保险业通过发挥经济补偿、风险保障和资金融通的职能，推动经济增长。首先，对于消费者而言，具有保障功能的寿险产品可以平滑其跨期收入与风险，降低未来生活的不确定性，从而降低预防性动机储蓄，增加消费支出；而一些信用保险产品为个人消费提供了信用升级，比如住房抵押贷款保险，方便消费者从金融机构获取融资，促进了大宗物品的消费，扩大了内需。其次，对于企业而言，将风险转移给保险公司管理，可以更加专注于核心生产，提高生产效率；用于应对风险的储备资金减少，也可以提高资金的利用效率，尤其是对于那些难以获得外部融资的中小企业其作用更大；责任保险产品的购买，消除了技术与产品创新带来的责任风险，有利于刺激创新和追加投资；保证险则降低了银行贷款面临的违约风险，促进了银行对企业投资的资金支持；信用险和运输险促进了对外贸易和国内商业发展；此外，为降低保险成本而采取的一些防灾减损措施，也会降低社会生产总成本。最后，对于金融系统而言，保险公司增强了金融机构之间的竞争，改善了金融结构，有利于促进金融系统效率的提升和交易成本下降；相对个体投资者，保险公司在信息的搜集与处理上具备技术和成本优势，对企业承保的决定，以及承保价格和条件，会为其他投资者提供企业风险状况的信号，有利于资源配置效率的提高；同时，通过专业化地评估并确定风险价格，可以降低市场风险融资的成本，促进经济增长；此外，作为资本市场的机构投资者，保险资金不仅可以扩大社会投资总规模，也可以提高市场流动性，改善市场效率，提高资金配置的效率；通过直接向企业投资，保险公司还可以发挥其作为金融中介的优势，有利于改进公司治理，提升资本边际生产率。总之，保险业可以通过鼓励消费、提高资本边际生产率、改善资本配置效率等促进经济的稳定增长。

但是，失衡的保险业务结构将会制约这些功能的实现。首先，寿险公司过于注重投资类产品而缺乏真正具有保障功能的寿险产品，居民的保障需求没有得到满足，在强大的医疗、教育、养老问题的压力下，消费需求不可能增加。此外，分红险业务的增长很大一部分分流了居民储蓄。由于保险公司的资金运用渠道受到较为严格的监管，无法向银行资金一样广泛流向各投资领域，因此保费收入的快速增长反而会降低投资转化比率，不利于经济增长。其次，责任险、信用险、货运险等与企业的生产经营密切相关的险种发展缓慢，规模狭小，对商业贸易的促进作用和对技术创新的支持将难以发挥。2008 年信用险占财产险业务比重仅为 1.5%，责任险与货运险约为 3%。如我国 2008 年信用险占财产险业务比重仅为 1.5%，责任险与货运险约为 3%，作用微乎其微。再次，银保业务作为保险销售渠道之一，本身并不存在问题。但是在银行强势，保险公司恶性竞争的情形下，这一分销渠道的创新并未有效降低分销成本，反而加剧了保险部门的"X"无效率，不利于经济发展。最后，业务结构失衡的保险公司无法对各种金融风险进行精确的定价与专业的管理，因此并不能显著地提升金融市场的效率，从而提高资源配置的效率。

中国文化讲究"有退有进，以退为进"的哲理。在保费收入增长速度放缓时，或许反倒可以真正地反思并转变保险业务结构，以便切实发挥出保险"经济助推器"的作用，从而实现真正的"进"。

刘易斯拐点之于中国保险业：利乎？弊乎？

朱南军

2011-03-09

“两会”期间，对于农民工工资水平以及招工难的问题讨论较多，在经济学界则引发了对于刘易斯拐点的讨论。但是这基本上局限于政府、经济学家、企业家之间，保险业界人士则少有关注。笔者认为，刘易斯拐点将长期对中国保险业产生显著的双重影响。

所谓刘易斯拐点是在描述这样一种情况：在一个二元制经济状态中，一开始农业劳动力处于无限供给阶段，社会可以持续供给工业化所需要的劳动力。在剩余劳动力消失之前，工资取决于维持生活所需的生活资料的价值，因而工资暂时不会上涨或者上涨缓慢。但是迟早，工业化会把农村剩余劳动力都吸纳完毕，这个临界点就叫做“刘易斯第一拐点”。此后，劳动力开始由剩余变为短缺，供给曲线开始向上倾斜，工资取决于劳动力的边际生产力。此时若要继续吸纳剩余劳动力，就必须提高工资水平，否则，农业部门劳动力就不会进入工业部门。最终，农业部门与工业部门的边际生产力相等时，也就是说传统农业部门追平现代工业部门的工资水平，这时城乡一体化的劳动力市场已经形成，二元经济状态开始转化为一元经济状态，这个临界点就叫做“刘易斯第二拐点”。

刘易斯拐点对中国保险业的影响是双重的。从有利的方面来讲，刘易斯拐点之后，劳动力尤其是农村工资水平的提高，对于提高保险产品消费能力起到积极作用。各国在刘易斯拐点之后，都出现了中产阶级兴起的过程，而中产阶级则是商业保险产品消费的主体。在当前我国，农业人口占大多数，刘易斯拐点的出现将显著提升中国国民整体收入水平，随后产生大量的保险需求。无论是进城农民还是留守农民，由于收入水平的提高，都逐渐成为保险产品的重要消费者；县域保险、“三农”保险将是保险业新的业务增长点，其增速也很可能超过保险业平均水平。从这个角度看，中国保险市场“跑马圈地”时代还未完全终结。我国当前处于刘易斯第一拐点与刘易斯第二拐点之间，这段时期应该是中国保险业发展的又一个高速增长时期。

从不利的方面来讲，在刘易斯第一拐点之后，由于人力成本的提升，制造业，尤其是劳动力密集型的制造业最受影响，这一点在中国长三角、珠三角近几年的企业招工难中得到印证。保险业虽然属于金融服务业，在当前的发展阶段上，中国保险业还属于劳动力密集型产业，人力成本尤其是代理人成本在保险公司经营成本中占有非常重要的比重，自然也不会游离于刘易斯拐点的影响之外。近几年，我国几大保险公司代理人队伍增速放缓甚至萎缩也恰恰是对刘易斯第一拐点的反应。因为虽然保险代理人未必须由农民工担任，但当前农民工的工资水平已经成为社会各行业一般工作岗位工资水平最基本的参照系。而且，金融业一般性工作岗位对于新生代农民工而言，已经没有什么技术壁垒，更多的是观念上的壁垒。从过去到现在，我国保险公司遵循的是增员战略与人海战术，代理人薪酬水平并未明显提升，保险代理人仍是薪酬水平最低的社会职业之一。过去之所以能够维持一个较低的人力成本，主要原因还是刘易斯第一拐点尚未到来。另外两个原因是20世纪六七十年代的人口生育高峰和90年代企业改革大潮中产生的企业冗余下岗人员。如今这三个因素的后两个因素效果已经不复存在，今后保险公司的代理人成本大为增加，增员战略与人海战术的传统营销方式将难以为继。

有些人可能认为，在刘易斯第一拐点之后，中国保险业代理人的人力成本与农业劳动力成本一样上升至刘易斯第二拐点时将趋缓甚至停止。那时保险业的人力成本压力自然纾缓。这种预测对于一个没有经历人口管制政策的国家或地区而言也许适用，这一点从日本和中国台湾地区的情况得以印证。然而刘易斯第二拐点说的是在此拐点上，农业劳动力与工业劳动力工资水平看齐，进入一元经济状态，但并没有说社会总体工资水平绝对不会上升。如果假设刘易斯第二拐点在2025年到来（也许会更快），这时，农业部门工资水平虽然追平工业部门工资水平，但是此时中国六七十年代的生育高峰中的诞生劳动力已经步入老年，始于70年代末人口管制政策又导致新生代劳动力变得绝对短缺，因此保险业代理人如同其他行业一样，人力成本增长态势依然持续。

因此必须认识到，两次刘易斯拐点之后，保险代理人的劳动力成本将面临一个长期上涨的过程。指望维持保险代理人低人力成本来提高公司利润水平已无可能。保险公司必须有应对之策。保险公司一方面要提高保险代理人的边际生产力；更大范围地使用兼业代理；培育横跨银行、证券、保险与不动产等领域的职业理财规划师群体；创新保险营销方式，降低人力成本在保险经营的成本比重；另一方面，取消代理人承受的营业税与个人所得税的双重税负，在不增加人力成本的情况下，提高代理人实际收入水平。奇怪的是，保险业界人士对此并不十分上心。你既然那么关心社会大众的民生而在"两会"期间提出险资投资于保障房提案，却为何不关心自己身边的民生，提点减轻保险代理人税负的提案呢？

最后还有一点是刘易斯拐点给投保人带来保险产品期望效用降低的问题。刚才已经述及，考虑到人口结构因素，我国劳动力工资水平即使到了刘易斯第二拐点之后还会继续上升，这是一个长期过程。从居民个体角度，收入的增加应该是一件好事，然而从保险消费的角度，会降低长期性险种的效用预期，进而抑制保险产品的需求。例如，如果保守估计假设30年后工资水平提升10倍（改革开放30年，城镇人均可支配收入增长了40多倍，农村人均纯收入增长了30多倍），那么一张保单如果承诺

30 年后的每月 3 000 元年金给付,在今天看尚可过日子。但是三十年后,随着社会总体工资水平的上升,也只够当时社会平均必要生活费用的十分之一。那些承诺在 77 岁、88 岁支付巨额生存金的保单就更不用说了。我国有些保险公司开发的抵御通货膨胀的创新险种也只能解决部分问题,因为通货膨胀的因素只构成工资水平提升的一部分。工资水平的提升实际意味着社会平均必要生活费用的提升,这里不仅包含着通货膨胀的因素,也包含着生活必需消费品的数量、质量与结构改变的因素。今天新生代投保人的金融知识已经大大超越自己的父辈,自己会算这笔账。保险公司必须充分考虑刘易斯拐点以及中国特有的人口政策对于保险业的影响,客观评估新生代投保人的金融认知水平,开发出与投保人需求“对路”的保险产品,否则就真被社会认为是在“卖拐”了。

CCISSR

行业发展与规划

人才培养：欲与业界达成的共识

孙祁祥

2011-10-26

上周末，第六届中国保险教育论坛在北京召开。根据会议的主题，我就人才培养这个问题阐述了一些观点。我认为，当今社会，恐怕没有人会否认“企业的竞争归根结底是人才的竞争”这个命题。高等院校作为创造知识和传播知识的重要阵地，在人才培养方面无疑具有决定性的作用。但“人才”最终是要进入市场、进入社会的，因此，作为“受方”的市场、企业和社会，对高等院校所培养的人才质量当然也具有发言权。

从我的观察来看，用人单位对高校毕业生的素质和质量是有一些看法的，比如说，学生们在学校里所学的东西与社会、市场和企业经营有脱节，学生的动手能力不强、抗压能力不强、责任感不强等。这些评论固然可能有“以偏概全”的情况，但不可否认，从个体来看，确有这方面的问题。

问题出在哪？高校当然负有不可推卸的责任，因此，高校应当不断总结、思考和改进其教学理念、内容、方法和手段；但也不排除由“育人单位”与“用人单位”在人才培养上存在认识上的差异而导致的问题。

高校（我这里所谈的高校限定在综合性、研究型大学上）人才培养的目标是什么？这可以说是一个见仁见智的问题，在我看来，大学的培养目标应当是一个“亘古不变”的内容与一个“与时俱进”的内容的综合。“亘古不变”的内容应当包括以下几个方面：即创新意识和批判精神的植入；品行、修为的培养；智商、情商和灵商的开发（20 世纪 90 年代末期，英国人达纳·佐哈、伊恩·马歇尔夫妇首次提出了灵商的概念。它是指对事物本质的灵感、顿悟能力和直觉思维能力。也有人将此进一步引申为“分辨是非、辨别真伪的能力”）。我个人认为，无论时间如何流逝，空间怎样变化，“亘古不变”的内容都应当始终存在于大学教育之中，成为大学培养目标的基石、灵魂和内核。如果人们在评价某一个人的时候说，“这个人一看就是一个受过高等教育的人”，这种评价的精髓是对由这个人的言行所表现出来的好品行、好修养、高智商、高情商和高灵商的一种褒奖。如果受过高等教育的人和没有受过高等教育的人在一起，人们看不出区别来，那么我认为，这种大学教育就是有缺陷的，就是失败的。

那么,什么是高等教育中“与时俱进”的内容呢?在人类历史的发展进程中,很多“知识”都会随着时间的推移和经济社会环境的改变而发生变化,因而,以“传道、授业、解惑”为宗旨的教育也必须随之做出调整和变化。“与时俱进”的具体内容包括:(1)系统的专业知识体系,(2)国际视野,(3)思维方式,(4)学习能力,特别是自学能力,但绝不应当包括通过用人单位短期培训就可以完成的一些特别具体的内容。这是因为:首先,在信息化社会,知识更新的速度越来越快,在学校学习的知识到毕业的时候可能早就过时了。其次,由于各种原因,学生所学专业与最终的就业意愿和实际工作可能发生偏离。如果高校教学中注重的是非常具体的知识,学生毕业以后很难进入一个新领域,这就是“授人以鱼”不如“授人以渔”的道理。再次,高校的教学资源是有限的,课时的安排是有机会成本的。计划学时安排了原本应当在用人单位进行的内容,那就没有时间去教授学生应当在高等院校完成的课业,这些东西就包括我上面所讲的“亘古不变”和“与时俱进”的内容。

然而,正是在高校人才培养目标这个问题上,我认为,国内许多企业和高校存在着分歧。根据多年来学生在找工作面试时的反馈,很多企业在考察学生时,不是将注意力放到对学生的综合素质、创新能力、发展潜质、国际视野和学习能力等特质的考察上,而是比较关注具体的专业知识,特别是所谓的“知识点”方面。于是,在学生不能就公司经营的具体问题做出满意的答复时,后者就会认为学校所教授的东西与市场脱节。而我认为,这恰恰是企业把应当在公司培训阶段完成的任务赋予了高校才由此产生的误判。在我看来，企业无论是在考察“专业对口”还是“专业不对口”的学生时，都应当非常注重“非专业”的东西，因为这样更能看出学生的悟性、潜质、创新意识和发展后劲，而具备这些素质的学生无疑更有利于公司的成长。

为了让学生毕业以后能够尽快地适应社会和企业的实际工作，许多高等院校也都安排了学生实习这个环节，这对学生理论联系实际，检验所学知识和方法，了解市场、社会和企业是颇有好处的。但目前国内的学生实习却有越走越偏的不良趋势。许多学生为了以后好找工作，大三、大四或者研一以后的中心和重点几乎就是工作实习了。虽然老师们一再告诫学生：“工作是一辈子的，而真正潜下心来读书上课也就几年的时间”，但在找工作时，越有实习经历公司越可能雇用的大量事实面前，老师们的忠告显得如此地苍白无力。学生们也很无奈，有一些明说，不是他们爱实习，而是怕没有实习今后找不到工作，因为公司在遴选简历和面试的时候特别看重实习经历。于是，我们的社会形成了这样的一个怪圈：在校学习的学生成为许多用人单位廉价，甚至免费的工作人员；而许多已经工作的人又成为学校学历教育的一支“生力军”。有些企业的这种“急功近利”的做法会“倒逼”高校不得不进行“短视培训”，这不仅是有限的、宝贵的教育资源的错配，而且对创新人才的培养非常不利，从长远来看，将阻碍企业和社会有质量的发展。在这一方面，我非常欣赏一些世界500强企业的做法。这些年来，除了国内保险企业以外，我们每年也都有去像慕再、瑞再、花旗、高盛这样的国际著名公司工作的学生。即使“专业对口”，公司也都要对他们进行为期至少半年到一年的培训。其实，真正有实力、有远见的公司应当更喜欢“一张白纸”的新职员，因为没有“杂质”、没有“包袱”，从而不需要做任何“矫正”，有助于他们更快、更彻底地接受和融入公司的价值观。当然，前提是这些新职员受过良好的高等教育，具备我上面所说的那些方面的特质。

综上所述，我认为，为了充分利用有限的教育资源、更好地培养人才服务于社会，学界与业界应当达成这样的共识：第一，高等教育的教学内容应当是来自于社会实践的，也即“源于生活”，而不应当“孤芳自赏”。理论是灰色的，生命之树长青，没有鲜活的实践，就没有丰富的理论来源。但教学内容不应当只是对现实的简单“临摹”，而必须“高于生活”，否则，我们完全可以取消高等教育而进行专门的职业教育和公司培训。第二，高等教育处在“人才产品”制造的“上游环节”，它的目标是发现、打磨一块好玉，然后送到用人单位，后者是“人才产品”制造的“下游环节”。至于将这块玉雕成什么样的形状、打造成什么样的饰品，那是工匠们根据消费者的需要所做的工作。玉的材质越好，工匠对消费者的了解越透彻，所做出的饰品也就越符合消费者的需要，因而越能卖出好价钱。第三，高等教育注重的应当是“Why”，职业教育和公司培训注重的应当是“How”，不应当把二者混为一谈。总之，企业的竞争归根结底是人才的竞争，而人才的塑形和培养，来自于学界和业界的相互了解，充分沟通，在人才培养上应当做到“理论”与“实践”的有机结合、“上游”与“下游”的有效衔接、“Why 与“How”的有序分工。

成熟过渡期应格外关注信任重建

锁凌燕

2011-10-12

近些日子以来，机动车商业保险可谓是屡屡“触雷”，有关“无责免赔”、“高保低赔”的负面报道频现报端；又逢保监会公布《关于加强机动车辆商业保险条款费率管理的通知（征求意见稿）》，向社会公开征求意见，以求进一步完善机动车辆商业保险监管制度，规范商业车险市场秩序。这些事件合并在一起，自然会引起各界广泛关注和热烈的讨论。

当前，伴随我国经济的持续快速增长和人民可支配收入的不断提高，人们的生活观念逐渐改变，私家车的数量及其在出行中的使用量也迅速增加。在这样的背景下，机动车保险已经成为很多人日常生活的重要组成部分，难怪公众对车险的关注如此持久，关注的热度也从未减弱。与此同时，机动车保险业也成为产险公司最重要的业务领域。十多年前，机动车保险在产险市场中的占比尚不足60%，但今日今时，机动车市场占比已经高达70%，这还是在产险市场总体规模增加了接近6倍的前提之下。消费者的质疑和责备，自然会让保险公司"如坐针毡"，也让监管部门放心不下。

耐人寻味的是，几乎每一次有人质疑车险条款的"霸王性"，舆论总是呈现出"一边倒"的局势，有些试图为保险公司的做法提供支持性解释的声音，也毫不意外地被迅速淹没。您说保险公司冤不冤？

冤，也不冤。

说保险公司"冤"，主要是因为消费者保险意识不强，很多人对保险之基本原理的理解尚存在偏差。就以此次"高保低赔"一事为例。根据保险利益原则，车辆若发生全损，保险赔付不应超过被保险人的保险利益，即车辆的实际价值；而若只是发生部分损失，保险公司则要负责按实际损失赔偿（当然，以保险金额和可保利益为限），也就是常说的"旧车也要换新件"。根据统计数据，在财产险领域，保险标的发生全损的概率很低，绝大部分都是部分损失，有报道称，目前我国车损险的理赔案件中，全损案件占比不超过3%。换句话说，承保新车和旧车，保险公司的期望赔付差距不会很大。按照保险费率厘定的精算公平原则，如果新车和旧车都按实际价值投保，费率恐怕就得有区别（而且，实践中全车盗抢险的保额，新旧车一般都是有差异的）；若要保持费率一致，但旧车只按实际价值投保，却享受相同的保障，可能会导致保障不足，也有保费过低之嫌。但是，机动车保险经营中存在的这种规律，并不一定能为普通消费者所观察到。更容易吸引眼球的，是消费者按照高的保额投保了，一旦发生了小概率的全损事件，赔付时保险公司却拿出条款来说要按实际价值履约，产生不满的情绪是难免的。

但保险公司受到这样的责备，却又不冤。产品的设计和定价，固然要尊重和贯彻精算公平原则，但也必须兼顾市场营销方面的考量。某项定价标准、某项合同条款在进入销售环节之前，首先，要考虑其是否容易为消费者理解和接受。保险产品本就复杂，无论是产品的设计者，还是产品的销售者，都不应该把消费者看做是保险专家，指望他们自行理解各项条款的来龙去脉；而且，如果和消费者的文化观念相抵触，那么，大到条款本身，小到条款中的措辞，都需要详加推敲。毕竟，保险是为人服务的，也是与人打交道的，一家公司，甚至整个行业能否取得成功，还是要看它是否能够取得消费者满意。只一味强调产品的精算上的合理性（且不论当下车险价格是否完全符合精算公平原则），于解决问题并无太大裨益。

其次，保险业是提供金融服务的行业，从产品设计和定价，到销售给客户、完成理赔和其他保单服务，方才构成完整的保险服务。即便车损险条款本身有一定合理性，但如果在实际销售过程中对保险条款解释不充分，表述不严谨、不科学，加上在保险理赔标准和理赔流程等方面有推诿、拖延之嫌，也会加深部分车主对保险产品本身的误解。“高保低赔”之类的事件之所以会在业内掀起轩然大波，绝不仅只是在苛责保险产品的设计，更多地是在质疑行业服务整体的诚信度。

所以，面对消费者和媒体的批评，保险公司更应该做的，是检讨自身存在的问题，而监管部门更应该下大力气更好地规范市场秩序，把消费者保护的监管理念落到实处。只是在此类事件频出的今天，我们应该思考得更多。

这里不得不提行业发展的“阶段论”。中国保险业从20世纪70年代末80年代初恢复发展至今，不过30多年时间，是名副其实的新兴行业。从某种意义上讲，新兴行业发展初期的基本特征是制度的缺失，行业发展面临的主要矛盾是“有无”的问题，是如何快速打开局面以涵盖消费需求的问题，其主要特征是存在着大量的技术上的不确定性：什么样的产品设计将最终证明是最佳的？哪一种服务模式将证明是最有效的？这些都没有明确的解答。而行业参与者只是在尝试并摸索各种不同的方法，来进行产品或市场定位、市场销售、服务等活动，并没有什么经验支持的“正确的”战略，而消费者也相应缺乏辨别和比较产品与服务的经验与能力。因此，在这一阶段中，压倒一切的战略问题是丰富产品线，尽早进入各个子市场并维持一定的市场势力，自然会是“销售”为王。

只是目前，中国保险业已经具有了一定的规模，总资产的年增加额数以万亿元计，已经进入了对行业而言至关重要的成熟过渡期。此时，行业的发展环境已经产生了显著的变化。解决了有无的问题之后，行业发展最关键的自然就是服务的质量问题，换句话说，是如何获取消费者满意的问题。这一阶段当然要以“营销”为王。保险公司之间的竞争将日益激烈，越来越具有成本导向和服务导向；随着保险产品消费经历的不断累积，消费者越来越有见识和经验,同时,由于对外开放的不断深入和对外交流的不断增多,中国的保险消费者,特别是高端消费者不仅已经将视野拓展到了世界范围,而且可能有在世界主要发达国家工作、生活的经历,对西方社会和发达保险市场有了切身的认知,有能力也更容易以国际经验为蓝本,对国内市场各种做法提出批判性意见。可以预见,在这一时期,类似于"高保低赔"这样的争议和指责将会是很常见的事情。为了应对这些声音,在监管者的努力之外,对保险公司而言,最重要的莫过于重建消费者信任,要多一些自我批评的勇气和动作,要主动与公众进行可信的交流,聆听消费者的声音,积极完善自己的产品和服务。

保险业规划发展目标的对比和思考

郑　伟

2011-09-14

《中国保险业发展“十二五”规划纲要》日前正式发布了，读了之后自然生发出一个问题：未来五年的蓝图和五年之前的蓝图有何不同？于是，我找来了中国保险业发展的“十二五”规划和五年前发布的“十一五”规划，重点对比了两个规划的发展目标，发现了一些异同，并由此引发了一些思考。

“十二五”规划中保险业发展的总体目标是：“初步建成一个市场体系完善、服务领域广泛、经营诚信规范、风险防范有效、综合竞争力较强,发展速度、质量和效益相统一,与国民经济社会发展水平和人民群众生产生活需求相适应的现代保险业。”五年前发布的“十一五”规划中保险业发展的总体目标是:“基本建成一个业务规模较大、市场体系完善、服务领域广泛、经营诚信规范、偿付能力充足、综合竞争力较强,发展速度、质量和效益相统一,充满生机和活力的现代保险业。”

两个总体目标可谓高度相似,除了以下四点区别:第一,“十二五”规划未出现“业务规模较大”的表述;第二,将“偿付能力充足”改为“风险防范有效”;第三,将“充满生机和活力”改为“与国民经济社会发展水平和人民群众生产生活需求相适应”;第四,将“基本建成”现代保险业改为“初步建成”。

这些异同至少说明了这么几点:第一,这个五年规划的总体目标,不管是“十二五”的,还是“十一五”的,其实不是五年目标,而是一个长期目标,所以二者才会高度相似。第二,经过五年,我们对风险和风险防范有了进一步的认识,“偿付能力充足”只是“风险防范有效”的必要条件,而不是充分条件。第三,保险作为国民经济的一个子部门,不论如何发展,一个基本要求都是与国民经济和社会发展水平相适应,滞后或超越都不符合客观规律。第四,“初步建成”的表述比“基本建成”更加谦逊,这并不意味着我们降低了发展目标,而是意味着我们对建成符合一定标准的现代保险业这一任务的艰巨性和长期性有了更加清醒的认识,做好了打持久战的准备,所以,我们承认“十一五”期间未能“基本建成”,而且预期“十二五”期间也难以“基本建成”,所以确立了一个更加务实的目标——“初步建成”。

除了总体目标,我们再看看业务发展、综合竞争力、功能作用、风险防范、环境建设等几个具体目标。

在业务发展目标方面，虽然两个规划的具体指标不同，但是基本思路都是“五年翻一番”。比如，2005 年保费收入 4 928.42 亿元，“十一五”规划的目标是 2010 年翻一番突破 1 万亿元；2010 年保费收入 14 527.97 亿元，“十二五”规划的目标是 2015 年翻一番达到 3 万亿元。经过过去五年的努力，“十一五”规划业务发展目标基本实现了，比如保险业务收入突破 1 万亿元和保险密度 750 元的目标提前一年于 2009 年完成，保险业总资产 5 万亿元的目标于 2010 年实现，但是，保险深度 4% 的目标未完成，2010 年的保险深度是 3.6%，低于 4% 的目标，这说明我们对保险与经济关系研究不足，值得深思。

在综合竞争力目标方面，“十二五”规划的目标是“行业总资产在金融业总资产的占比明显提升，经营管理水平显著改善，自主创新能力进一步提高，在金融业中形成具有特色的比较优势”，这样的表述在“十一五”规划中是没有的。就“十二五”规划而言，这里的核心竞争力应是保险业的“具有特色的比较优势”，而不是与银行证券业去拼资产，拼规模。保险业在金融业中的比较优势是什么？当然是风险管理和经济保障了。只有将独具特色的专业比较优势发挥出来，发挥好，才能提高保险业的综合竞争力；综合竞争力提高了，资产规模自然就上升了。所以，在这个问题上不能本末倒置，与“行业总资产在金融业总资产的占比明显上升”相比，“在金融业中形成具有特色的比较优势”是根本，是核心。

在功能作用目标方面，“十一五”规划的表述是“成为重要的机构投资者和资产管理者，成为社会保障体系的重要组成部分,成为社会管理的重要力量”,而“十二五”规划的表述是“成为现代金融体系的重要支柱,成为国家灾害救助体系和社会保障体系的重要组成部分”。与“十一五”规划相比,“十二五”规划一方面目标提高了,比如“现代金融体系的重要支柱”显然比“重要的机构投资者和资产管理者”要求高多了;另一方面也更加务实了,比如“成为国家灾害救助体系的重要组成部分”显然也比笼而统之的“成为社会管理的重要力量”的目标更加具体清晰,更体现专业特色了。

在风险防范目标方面,与“十一五”规划相比,“十二五”规划除了一如既往地强调防范系统性风险之外,还强调要有效建立全面风险管理体系,基本建立市场退出机制,基本形成风险处置机制。我们知道,没有市场退出机制的风险防范体系是不完善和“不可置信”的,如果违背市场规律,“该死的不死”,那么“该活的也活不好”,长此以往,劣币驱逐良币,市场必乱无疑。近日保监会颁布的《保险公司保险业务转让管理暂行办法》,虽不涉及强制转让或退出,但也是探索保险市场退出机制的一项制度成果,一个良好开端,具有重要意义。

在环境建设目标方面,“十一五”规划强调保险业发展的“外部环境”(包括法制环境、政策环境和舆论环境等),而“十二五”规划更强调保险业发展的“内部环境”,强调保险企业和从业人员的诚信,强调对消费者利益的保护,强调要显著增强社会公信力,使保险业逐步成为“受社会尊重和信赖的金融服务行业”。我们知道,任何事物发展都是内因和外因共同起作用的结果,内因是事物变化发展的根本原因,外因是事物变化发展的条件,外因通过内因起作用。所以,当社会公众对保险的认可度和满意度不高的时候，不要去埋怨外部环境不好，而是应当首先自省，你这个行业做得怎样，是否对得起曾对你寄予信赖的消费者？从这个意义上说，保险业发展的"十二五"规划，离科学发展观又近了一步。

“不差钱”的保险公司为何也“钱紧”？

李心愉

2011-07-27

在通货膨胀、国际债务危机、紧缩的货币政策等宏观经济因素的影响下，“钱紧”、“钱荒”已成为我国许多企业，特别是中小企业头上的紧箍咒，一些企业因为“钱紧”甚至不得不依靠借高利贷来渡过难关。据调查，眼下民间借贷年利息为40%—50%已是普遍情况，有些民间借贷的年利息甚至高达100%，而中小企业的平均利润率还不到10%。以这种血淋淋的方式被“拯救”，无异于饮鸩止渴。可是，当面临着现金流中断、资金链断裂且走投无路的困境时，企业似乎也只能做此不得已的“无奈选择”。与此同时，一向“不差钱”的保险公司也掀起了一波融资潮，密集地通过“增资扩股”、“上市”和“发行次级债”等方式从各种渠道筹集资金。据报道，仅2011年的前五个月，经保监会批准的计划年内增资扩股的保险企业已有24家，金额为232.74亿元，已公开宣布的次级债融资额共计174.5亿元，更多的尚未获批和公开披露的增资扩股、发债的计划还在排队期待中，而部分有条件的保险公司则忙于引入战略投资者冲刺上市的前期准备工作中。有着源源不断的保费现金流而被外界视为“钱袋子”的保险公司竟然也遭遇“钱紧”之尴尬，这似乎令行业外人士匪夷所思。仅从表面上看其原因好像都是偿付能力监管惹的“祸”，而我们知道其根源则是由于规模扩张太快，公司盈利难以承受规模扩张之重，说到底，还是规模扩张惹的“祸”。

规模扩张本无“罪”，融资本身也无错，发展是硬道理，要发展就需要源源不断的资金补充。然而，缺乏自我造血功能的数量型扩张或粗放式发展的结果是公司盈利不能满足规模扩张对资金的需求，失去了内生发展的基础。于是，依靠发债、增资扩股、上市等外部融资方式，来补充资本以使偿付能力充足率与其业务规模相匹配成为唯一的出路，进而埋下了永远摆脱不了的对外部资金持续性依赖的“祸”根。

上述道理并不深奥复杂，转变保险业发展方式在行业内也早已不是什么新鲜的话题，可就是这么一个简单的道理，就是这么一个反复强调的话题，在实践中的表现依然如此地差强人意。问题出在哪里呢？我认为公司战略决策中的“短视”乃始作俑者。明明知道粗放式发展的道路会越走越窄，越走越难，可是只要眼下这条路还好走，就先走着再说，这难道还不是“短视”在作祟吗？我们必须清醒地认识到，如果没有高瞻远瞩、放眼未来的战略视野，没有理念支撑下的坚持，转变发展方式只能是一种良好的愿望和美丽的空中楼阁。

说到放眼未来的战略视野，不由得使我想起日前看到的一篇关于一家日本企业在中国山东原生态亏本种地的报道。2006年，日本朝日绿源公司在山东莱阳租下1 500多亩地，用来养殖奶牛，种植玉米、小麦、草莓等，租期20年。5年来，这家企业不施化肥、不打农药，甚至不除草的种地方式被当地农民戏谑为“不会摆弄庄稼”，其一亩地的产量仅是当地人的一半，连续5年的亏损更是让当地农民觉得其“傻”得不可思议。难道日本人真的是钱多人傻吗？显然不是，这恰是其高瞻远瞩之处。朝日绿源公司所秉承的是“牛产牛粪，改善土质，产出无公害农作物，无公害的农作物喂食奶牛，再产出高品质牛奶”的循环型生态农业发展理念，瞄准的是中国国内高端的农产品市场和中国乳品业正在逐步“让出”的“蛋糕”。为了打造和维护一个消费者心中的“金牌”，公司宁愿将盈利期锁定在10年之后。目前，朝日绿源的牛奶还只是在北京、上海、山东等市场销售，但其销售量正以每月20%的速度递增。

说到理念支撑下的坚持，不能不谈到华泰保险公司。华泰保险公司也走过铺摊子、设机构、上规模的粗放式高速扩张之路，在北京市场上的排名也曾一度跃居第二位。为了获得持续的盈利能力，华泰保险在其业务蒸蒸日上的2000年年初就高瞻远瞩地拉开了战略转型的序幕。华泰保险转型的道路充满了艰难和痛苦：人员队伍流失、市场份额缩水、行业排名后退、各种非议和争论不绝于耳……面对着这一切，华泰保险人没有动摇，没有退缩，坚持下来了。从2004年开始华泰保险步入良性循环。在“不求最大，但求最好”的理念支撑下，华泰保险实现了从简单的规模扩张型发展向质量效益型发展的转变，从过度依赖投资收益向追求承保利润的转变，做到了年年盈利、年年分红，在没有增资和发行次级债的情况下，依靠公司自身盈利的积累，满足了机构和业务较快发展对资本的需求，取得了规模和效益、速度和质量协调发展的良好局面。

我们每每谈起规模和效益，总是强调它们矛盾的一面，遵循着“鱼与熊掌不可兼得”的思维惯式。其实，用辩证的观点来看待，规模和效益既是矛盾的，又是互相促进的，因而是可以协调的。举个简单的例子，在企业的经营中需要考虑一个盈亏平衡点，只有当业务规模超过这个盈亏平衡点时才会产生利润，这是任何一个企业经营都必须遵循的最基本的前提，对于其经营是建立在“大数定律”基础之上的保险企业而言，这个前提无疑具有更加重要的意义。这说明，规模是利润的基础和前提，没有一定的市场规模，就不会有很高的利润和效益。同时，效益又是规模扩张的最可靠的保证，没有效益就不能为规模扩张提供内源资金，规模扩张终将不可持续。如何权衡规模与效益是企业在选择发展模式时必须解决的难题。华泰保险正是在对这个难题进行不断地理性思考和明智选择中，实现了在保证效益基础上的较快发展。而他们解决这个难题的密钥是：根据自身的管理水平来确定企业发展的水平，坚持做到管理到什么水平，就发展到什么水平，发展绝对不能超越企业的管理能力和水平。

无须讳言，自从1980年国内保险业务全面恢复至今，我国保险业之所以能够实现保费收入年均增长超过30%的高速增长，粗放式发展模式功不可没。但这种高投入、高成本、高消耗和低效率的发展模式也带来了创新能力不足、风险管控能力弱和管理水平低等一系列问题。解决这些问题的根本办法就是从简单的规模扩张向内涵式发展转变，这一点在业内已基本上达成共识。但是，在我国保险业仍然处于发展的初级阶段，粗放式发展的道路暂时还好走的当下，要切实地实现发展方式的转变，还需要风物长宜放眼量的远见卓识和一份理念支撑下的坚持。

正确认识全面风险管理，尽快提高自身能力

陈 凯

2011-06-22

在5月21日的2011陆家嘴论坛上，保监会吴定富主席明确表示，在“十二五”期间，保监会将继续推动行业的全面风险管理，增强保险公司对风险的识别和控制能力。“全面风险管理”(Enterprise Risk Management, ERM)在全球乃至国内都已经推广很长一段时间了。国资委在2006年6月就已经出台《中央企业全面风险管理指引》，保监会也在2010年年底颁布了《人身保险公司全面风险管理实施指引》，明确指出寿险公司应当建立起全面风险管理的四道

防线，并对寿险公司在风险管理方面的一些重要问题进行了规范。这充分地说明我国的政府监管部门已经越来越重视保险公司的风险管理问题。

从根本上说，全面风险管理（也有直译为企业风险管理）并不是一个简单的工具或方法，而是一个贯穿于整个企业各个部门的过程，涉及企业的各个层面，将整个企业的业务活动、各个管理部门和最高决策层有机地整合在一起。目前，很多保险公司都开始意识到风险管理的重要性，也慢慢地在企业中建立专职的风险管理的部门，并进行“风险管理”或是“全面风险管理”。但似乎并没有深刻意识到，风险管理不能局限在基层的风险控制。如果仅仅安装若干个风险管理软件，设置一些风险管理的标准，然后让雇员进行一些风险控制的措施，最后再向高层管理人员报告，这并不是真正意义上的全面风险管理。真正的全面风险管理一定是要由公司的董事会启动，通过管理层在企业内部实施的。换句话说，公司的高层必须对风险管理承担必要的责任，而不能只将权力下放由下属去进行“风险管理”。

例如，早在2010年年初，中国保监会就进行过一次有关“中国寿险公司风险管理现状”的调查问卷，这份问卷覆盖了中国境内所有的寿险、养老险和健康险公司。在回收上来的35份有效问卷中，有25家公司已经设立了风险管理委员会，但其中仅有14家公司的风险管理委员会是设立在董事会这一级别的；有18家公司设有风险负责人一职，但仅有其中的6家设有首席风险官；有24家公司设立了风险管理部，但只有10家公司的风险管理部门是独立设立的。从这份调查中可以看出，我国保险公司对全面风险管理的实施已经起步，已经开始加强对公司内部风险的管理，开始认识和防范一些可能出现的风险，但是从全面风险管理的角度来看尚存在一些不足之处。这些不足主要表现在三个方面：第一，风险管理的意识不足。我国的保险市场还处于发展阶段，许多中小公司的主要目标仍然是争夺市场份额。这就使得保险公司更加注重保费的收入而忽略了可能带来的风险问题。一些不良的保单常常会造成公司的巨大损失，而公司内部不同部门缺乏沟通则容易造成潜在的风险问题。第二，风险管理力度不足，管理人才缺乏。由于风险管理还是一个比较前沿的学科，全面风险管理这个概念是美国虚假财务报告委员会下属发起人委员会（COSO）在2004年才提出的。我国的保险公司对全面风险管理的内容尚不熟悉，人才储备明显不足，对于风险管理投入的物力、人力和财力也很薄弱。第三，全面风险管理的完整框架尚未建立。大多数保险公司的风险管理部门都相对孤立，无法与其他部门一起形成一个完整的体系，在整个风险管理系统中存在着很多盲点和漏洞，从而导致较多的潜在问题。

为了适应我国保险市场的快速发展，我认为保险公司应该从以下几个方面入手以尽快提高自身的全面风险管理能力。首先，要建立健全全面风险管理组织结构。所谓"工欲善其事，必先利其器"。想要提高全面风险管理的能力，一定要有一个完善的全面风险管理架构。当然，这一点需要由监管部门推动，各大保险公司积极配合。保险公司应当从董事会层面着手建立风险管理决策和负责体系，并逐层下放，使整个公司确保相同的风险管理目标。全面风险管理架构还要求各级管理部门共同参与，不能各自为战，从而达到保险公司内部"全面"的管理和各个部门的全员参与。其次，提高对风险的识别能力。如果想做好风险管理，一定要对潜在的风险有着足够的认识。保险公司往往会把风险看做盈利的机会，因此对风险的识别就变得更为重要。这就要求保险公司建立一个包括风险管理、审计、合规、定价、投资等各个职能部门的多层次的全面风险管理工作机制。这方面保监会已经有了相关的规定，并建立了相应的分支机构、总公司职能部门、风险管理部门和内部审计部门的四道防线。各公司则需要在此基础之上，建立适合自己公司的风险识别量化体系。最后，需要加强对风险的应对能力。保险公司在传统意义上的一些风险管理方法主要是靠公司自身的资产负债管理，比如选择性承保和再保险等手段。但随着各种金融衍生品的出现，传统的一些风险管理手段和方法已经不足以抵御保险公司可能面临的风险。这就要求保险公司重视对自身风险管理能力的提高。比如引进更多的风险管理人才和技术，扩大风险管理部门的规模等。

“十二五”时期是保险业加快转变发展方向、提高综合风险管理服务能力的关键时期，我国的保险公司应根据自身具有巨大经营风险这一特点，尽快建立一个由上至下的、涵盖整个企业的、多层次的全面风险管理体系，并在实践中不断完善和改进，以此应对“十二五”这个关键时期可能出现的风险。

十年之问：外资还好吗？*

锁凌燕

2011-06-22

一直以来，对于经济学者而言，构建一套能够完美解释并预测行业发展的理论都是一项挑战。除了要有经济学的直觉和洞察力之外，必须将经济环境的特征诊断明白、情况调查清楚、人的行为定位准确，研究起来才会事半功倍。可惜的是，经济学者一般不能拿社会做实验，也正因如此，研究行业的历史发展，对制定未来的产业政策、确定公司发展战略、采取行动策略具有十分独特的意义。

* 本文原载于《金融时报》，2011 年 6 月 22 日。

2011年是中国加入世贸组织的第十个年头。古人习惯以“十”虚指多的意思，故有“十年磨一剑”之说；在入世十年之际，对过去的对外开放历程进行一个总结和评价，可以算得上是一个恰当的时点。回首过去，加入世贸组织的这十年，是保险业飞速变革的十年，是保险业创新发展的十年，是保险业深化开放的十年，也是保险业日益融入全球市场的十年。

从友邦进入中国起，中国保险业的对外开放已经有二十年的历史，由于被这样一个巨大的、尚未完全开发中的市场所代表的市场潜力深深吸引着，外资公司在中国市场上付出了众多努力，也取得了显著的成效。在入世之后，伴随着经营范围所受限制的不断减少，外资公司取得了快速发展。用保费收入绝对指标衡量，外资公司保费收入规模从2001年的32.82亿元，增加到2010年的634.30亿元，扩张了18倍。

但是，之前所担心的中资公司因为规模小、资金实力弱、偿付能力普遍不足，在生产率、经营管理与技术水平等各方面都远远落后而不堪一击的局面并没有出现，相反，外资保险公司在中国市场上的发展似乎并不那么亮眼：从以保费收入计的市场份额来看，财产险业务部分，市场份额长期维持在1%的水平；人身险部分，2005年，外资公司市场份额从上年度的2.64%一跃提升到8.9%（主要归功于中意人寿签下的团险大单），之后，除2007年市占率达到8%以外，在其余年份，都不超过6%。此外，近些年更出现了许多外资股东“急流勇退”的案例。

不过，就此断言外资“跑输”了中资，未免流于片面。纵观这十年，保险业对外开放格局演变中一个十分突出的特点就是外资日益多元化地融入中国保险业。除了入世前就有的设立分公司、设立中外合资公司以及参股中资保险公司之外，按照入世承诺，从 2003 年，外资非寿险公司可以在中国设立独资子公司；外资公司通过并购等形式，作为法人投资者或者战略投资者参股中资保险公司也更为常见；另外，随着中国人寿、中国人保等中资保险公司海外上市进程的推进，外资介入保险业又增加了外国公众投资者持股等形式。而伴随外资介入形式的多元化，外资股东类型也进一步扩展，从以外资保险人为主，发展到包括外资银行等其他类型的金融机构以及境外非金融机构。如果把外资在中资保险公司中所持股份对应的市场份额考虑进来，同时剔除掉中资机构在合资公司中所持股份对应的市场份额，2010 年，外资对应的市场份额约为 22.1%，其中产险市场份额和人身险市场份额分别为 20.5% 和 22.7%，均超过五分之一。中国保险市场的五分之一强是由外资撬动的，其重要性不言自明。

这一认知实际在提醒我们这样一个事实：我们平时所称的外资公司，只是“外资保险公司管理条例”管辖范围内的合资保险公司、独资保险公司和外国保险公司分公司，这个概念强调的是公司的法律地位及相应的市场待遇，包括设立资格、业务范围、税收征管规定等，其法律意义远大于市场意义。十年来，外资在中国保险市场的重要性在稳步提升，在与中资共同分享中国市场的巨大潜力和经营成果。也正是在这个意义上讲，保险业对各种资本而言，是没有“先验论”和“出身论”的。

那么，日益重要的外国资本，对于中国保险业的发展到底起到了什么样的作用？一言以概之：如果没有入世带来的对外开放的深化，中国保险业通过对内改革可能也能够取得较好的发展,但是,却很难达到今天的发展水平。其根本原因就是在于中国保险市场发育路径的特殊性。

与西方发达市场所走过的轨迹不同,中国的市场经济体制并不是原生的,而是“嫁接”、“转合”而生的。保险市场作为整个大市场的一个子系统也不例外。“嫁接型”市场与原生型市场最大的区别就在于速度。回顾美国的保险史,亨利·海德花费了十多年的时间,才初步完善了人寿保险代理人的培训方案;而“人寿保险之父”伊利泽·赖特用了36年的时间才得以让马萨诸塞州开始用法律来维护寿险保单投保人取得退保金的权利。而通过嫁接,可以显著地缩短市场和监管体系成形的时间,并大大降低探索过程所带来的资源损失。正如我们所观察到的,来自发达保险市场的外资保险公司通过各种形式介入中国保险业后,不仅提高了中国保险业的资本存量,而且带来了能够有效提高资产质量的创造性资源,例如先进技术和经验、技术开发与使用能力、管理能力、对客户需求的理解能力等;不仅为中资企业带来了竞争压力,而且因为外资公司之间的激烈竞争,让我们更直接地体验到了国际市场的前沿技术。这对保险业的发展和消费者福利提升的积极作用是不可小觑的。

当然,从原发型市场中提炼出来的思想和经验,一旦与原发市场的脉络割裂,而被直接应用到其他不同背景的国家,就会成为本质不同的东西,进而引发“水土不服”。不得不承认,外资公司在中国的发展尚受到法律法规的束缚,比如不能经营法定保险等,但最大的问题还是水土问题。一些外资公司不加改造地将用于海外市场的产品、管理经验移植到中国;某些外方高管会不自觉地用在国外工作多年形成的思维习惯和经验来指导中国法人公司的管理和运营,对中方人员并没有实质性的放权和授权。“橘生淮南则为橘,生于淮北则为枳”,由于水土相异,这种做法直接影响到外资公司的运营效率。另外,外资公司在中国的经营时间尚短,尚未建立完善的本地人才储备机制、培养起符合本地发展要求的人才团队,加上中国保险业本来就人力资源短缺,因此也进一步束缚了其潜力的发挥。

正是因此,相较于入世前和入世之初对中国市场的满腔热情,外资公司对市场的预期也更为理性。根据 2010 年 11 月普华永道发布的“外资保险公司在中国”的调查,有 31 家外资保险公司降低今后 3 年市场份额的期望值,寿险公司预计其市场份额到 2013 年将保持目前 5% 的水平,而财险公司对未来 3 年的份额预期则停留在 1% 左右。

简而言之,在恰当的监管下,资本逐利的本性和对市场机会的敏锐感知能力,必然会引导它走向最优配置。

发展保险超市，打造中介航母

肖志光

2011-06-01

临近毕业，笔者开始到处打听租房信息，希望在学校下达“逐客令”之前找到得以“栖身”的“蜗居”之所。在向周围的同学朋友咨询租房经验时，虽然每个人的租房经历各不相同，但给出的“租房指南”却大同小异。而且，大都包含同一条十分真切的建议——不要找中介，只是在前面加了个“尽量”、“万不得已”或“千万”之类的词来强调各自租房经历的不同。但是，在各大租房信息网站转悠了一两个星期，也成功约见了几个“中介勿扰”的房东，却都因为价格、地理位置或房间状况等问题而没有谈妥。“身心俱疲”之后，只能心情忐忑地走进了中介公司……

无独有偶，最近在不同聚会场合下寒暄之后都不约而同地被咨询起了关于购买保险方面的问题。因为大家在“成家立业”之后，风险和责任意识都开始增强，购买保险的意愿大大增加。然而，我这位研究保险学的博士，“盛名”之下，其实难副。除了给出点什么“目前最需要哪些险种”的建议之外，就是加上句世人皆知的“不要轻信营销员的宣传和承诺，要自己多咨询、多了解”的善意提醒，此外就再也给不出什么具体建议了。

这两件事情，似乎都反映了一个严峻的现实问题——中介市场的不规范，造成市场供需矛盾突出。之所以强调中介市场的不规范，是因为无论是保险市场还是房地产市场，中介公司的数量都已经具备相当大的规模。据《2010 年保险中介市场报告》显示，截至 2010 年年底，全国共有保险专业中介机构 2 550 家，保险代理公司 1 853 家，保险经纪公司 392 家，保险公估公司 305 家；更不用说如今已经遍布北京大街小巷的房地产中介了。但是，中介市场的信誉度普遍偏低，具有市场公信力的中介公司更是“凤毛麟角”。这样，对于租房市场而言，大大提高了房东和租户的搜寻和匹配成本；对于保险市场而言，许多保险代理人仍在走门串户地进行盲目推销，而许多居民家庭却没有购买到合适的保险产品，或者选择储蓄等方式来保障风险。因此，规范中介市场发展，疏通市场供需双方的交流沟通障碍，成为解决市场供需矛盾的关键所在。笔者对于房地产中介市场不甚了解，这里只浅谈关于发展保险超市的一点初步设想。

目前保险产品销售方式主要有保险公司营销员的“直销”

方式和保险代理或经纪公司的“代销”方式两种。从理论上讲，后者将是保险产业发展的趋势所在。因为这不仅有利于保险公司的产销分离、降低运营成本，而且有利于理顺保险代理人的利益关系，保证其作为第三方的客观公正性。但是，由于目前我国保险中介公司普遍存在规模小、专业化水平低、发展模式粗放、利益关系扭曲等原因，导致其并没有显现出明显的比较优势，这也是我国中介发展相对缓慢的缘故。例如，2010 年保险代理公司和经纪公司实现保费收入 844.64 亿元，仅占全国总保费收入的 5.82%。

保险超市作为一种全新的保险销售方式，其相对于传统销售方式的优势已经被广泛讨论，主要表现在：有利于消费者“货比三家”，进行全面的保险产品咨询和比较，实现保险消费的合理性；有利于促进保险公司在同一平台下“比价格、拼服务”，进行规范化的市场竞争；有利于监督保险代理人行为，减少误导和欺诈行为。但是，我国保险超市目前仍主要停留在概念炒作和实践摸索阶段，只有为数不多的几个保险代理公司做出了有益的尝试。我认为其主要原因有：一方面，保险超市所需营业场所、专业人才等投入较大，而保险超市的创建者一般为保险代理公司，其规模和资金实力不足，难以实现连锁化、规模化经营，短时间内难以树立市场影响力；另一方面，保险超市产品种类不丰富、专业化服务水平低、推销意图明显，消费者难以得到满意的中介服务。

当然，保险超市的发展也并不是一朝一夕的，各方主体不可急功近利，让“超市”变成小商小贩聚集的“早市”或“路边摊”。在保险超市的发展之初，就应当确立长期规范化发展的经营理念。一方面，要丰富“超市”内的产品数量，尽可能多地邀请保险公司和产品进驻，以满足消费者多样化、个性化的“一站式”保险需求，使保险超市名副其实。另一方面，要提高“导购人员”的专业化素质，使消费者的保险需求得到合理地释放。

由于保险产品的复杂性，其所需专业要求更高。销售咨询等服务人员要从了解消费者基本信息出发，引导其购买合理的保险产品种类和数量，然后再对同类的保险产品进行客观公正的介绍，让消费者进行全面的比较和权衡。也就是说，保险超市首先要扮演好保险消费咨询的角色，这也是培育市场的第一步和最重要一步。当然，这首先需要改变保险代理人绩效考核模式。在这方面，一个可行的方式是在保险超市内设立“客服咨询柜台”，使客服咨询人员的收入直接与客户满意度、投诉率等挂钩，确保其从客户利益出发。此外，保险超市经营的方式也可以实现多元化，例如保险中介公司（或行业协会等）可以先建立超市的营业场所，为各大保险公司创造一个面对面竞争的销售平台，然后邀请保险公司入驻进行直接销售，而中介公司只提供管理和专业咨询服务。

总之，规范化发展是保险超市长期健康发展的根本所在。只有这样才有利于培养保险超市发展的良好市场环境，中介公司才可以借此契机实现连锁化、规模化经营，打造保险中介市场的知名品牌和企业。一个美好的设想是，在不远的将来，我们在面临各种保险购买需求时，都可以轻轻松松地走进一家知名保险超市，获得满意的保险服务、买到合适的保险产品。

地震保险如何承受灾害之重

——日本地震的反思

刘新立

2011-03-16

大自然总是在挑战人们的想象力和心理承受能力，从世界范围来看，近年来，损失惨烈的巨灾正以其并不小的概率屡屡出现。2011 年 3 月 9 日，日本近海曾发生里氏 7.3 级地震，笔者正为日本气象厅在地震几分钟后发布了海啸警报而赞叹其预警系统之完善时，11 日，日本竟遭遇了震惊世界的千年一遇的 9.0 级强震，并随后引发巨大海啸和令人忧心不已的核爆，逐渐演变为罕见的立体式巨灾。

巨灾发生后，人们必然会想到保险，这从欧

美股市中保险股的下跌就可见一斑。我国还没有真正意义上的地震保险，自 2008 年汶川地震之后，社会各界对地震保险的呼声一直很高，提出了很多政策以及技术上的建议。但面对日本地震的报道，回想汶川地震的惨烈画面，不由得令人思考，面对如此巨大的灾害损失，地震保险如何能够承受灾害之重？

我们可以想象一下，在当前的条件下，如果我们推出了全方位的地震保险，如果地震及其次生灾害带来的风险损失可以通过相关的寿险和产险得到相当程度的补偿，对于保险公司意味着什么？保险公司自身是否会面临很高的风险？

从这次日本地震来说，日本的居民住宅大多是木制房屋，本身就具有一定的抗震性能，即便倾覆，对人员的伤害相对来说也是较轻的，这样的住宅便于灾后逃生、便于自救与救援，如果不是因为海啸，日本的房屋和人员方面的损失相对于我国居民住宅的一般结构来说是比较低的。但难以预料的海啸竟如此威力巨大，媒体报道的昂贵战机被淹、汽车及配件厂停产以及火灾等，无疑为损失添上浓重的一笔。随后出现的核爆显然是一个罕见的问题，虽然现在还不知道最严重的情况会是怎样，但注入海水将很可能使核电站就此报废。仅这些方面，如果按发达国家灾害保险赔付率平均达 36% 的比重来看，保险公司难道不是暴露在巨大的风险之中吗？虽然一些分析师已经快速对日本地震的保险损失规模作出了乐观的估计，认为保险损失“有限”，但投保率不高并不应该作为乐观的理由。难道让更多的人和标的加入到保险中来，不是保险的追求吗？难道随着人们保险意识及经济水平的提高，不会有更多的人希望购买灾害保险吗？难道保险不是在不断地对非理想可保风险的改造中探索前行的吗？

毋庸置疑，在一个市场经济体系中，保险应该在灾害风险损失补偿中担当重任，但从另外一个角度来说，灾害风险管理作为一种社会责任，应从多方面着手，而不能只看到保险这一种手段。我国尚未推出地震保险或巨灾保险，除了保险业自身应在行业内寻找创新与突破之外，我们更应该考虑，其他相关的方面怎样与保险一起，成为灾害风险管理中的合力。这个合力应包含纵向和横向两个维度，这两个维度都不可或缺。从纵向来说，巨灾保险体系是一个包含保险公司、再保险公司、资本市场及政府的综合体，这已经取得了共识，市场经济作用的发挥有一个限度，超过这个限度，政府作用应有一个回归；从横向来说，灾害风险的形成是致灾因子、孕灾环境、承灾体和灾情四位一体的结果，对承灾体和灾情的控制，是巨灾风险迈向近似可保的重要一步，此次日本地震在这方面的几个片段令人印象深刻。

片段1：在11日地震发生的当晚，笔者在网上遇到一个去年刚毕业到东京工作的学生，她说，东京有很强烈的震感，下午公司拉了地震警报，很多人都躲在桌子底下，日本同事告诉她，楼不会倒，桌子下面很安全。可见，日本高层建筑的抗震能力很强。此外，从一段电视上反复播放的海啸视频中可以看到，灾区的一座大桥，在经历了如此大的强震以及船桅杆的快速撞击后，仍然完好无损，桥上汽车照行，其基础设施也一定是达到了较高的设计等级。反观我国，我们的居民住宅不是以木结构为主，我们的建筑质量和设计等级也没有达到一个整齐划一的高标准，加之近来很多建筑物外立面加装了由易燃物构成的保温层，一旦在地震中发生火灾，是否有可能加大火灾损失？承灾体的脆弱性才是地震保险的隐忧。

片段2:从11日在电视中看到日本震后的画面到现在,正如一篇新闻报道的标题所示,“震后日本:满目疮痍,秩序井然”,很多人都为日本灾后的秩序性以及灾民的镇定感到惊讶。人们有序避难,排队打公共电话,有悲痛但没有绝望,有等待但没有一哄而上的拥挤和混乱,震后货物短缺时未出现哄抬物价现象,据日本的学生说超市里的商品还纷纷降价,这些,为灾后控制灾情发挥了无形的作用。记得在一个报道中,记者对灾民进行采访,当问及面对如此可怕的灾难,大家为什么会如此有秩序时,对方沉吟片刻,回答是:这是我们为减轻灾害损失所能做的。日本人的这种镇定和隐忍固然有其文化上以及经常发生地震的原因,但教育和对政府的信任也发挥了根本性的作用。如媒体所报道的,只有从小学就接受常规的防震教育和逃生演练,只有每家都备有应急包,只有大家都了解所在建筑的抗震等级,都熟悉附近避难所的位置与路线,这种纪律性才有坚持的前提。这对我们是一个生动的启示,学校不仅要加固校舍,更要着手进行相关的教育与演练,社区也应在逃生常识的宣传上发挥作用,未雨绸缪,有备虽不能保证无患,但至少可以为风险管理这个体系承担应有的责任,贡献应有的力量。

作为一个地震时有发生的国家,中国需要地震保险,但地震保险不是孤立生存的,即便是在纵向上建立了层级的风险分担体系,如果没有以上所谓的横向方面的配合,地震保险将难以承受巨灾之重,而作为风险最后承担者的政府,在减轻救灾预算负担和不确定性方面的效果也是有限的。只有从多个层面入手,建立起保险可以赖以发展的多层次巨灾风险管理体系,地震保险才有能力承担未来可能发生的灾害风险。

中国地震保险制度何日可期?*

郑　伟

2011-03-16

最近几年,世界真不太平。2008 年以来,四川汶川、海地、智利、青海玉树、新西兰,频发的地震一次次考验着人们紧张的神经,而 2011 年 3 月 11 日发生的 9.0 级日本地震,更是震动了全球。日本地震再次引发了人们关于地震保险制度的讨论和思考,反观我们自己,中国的地震保险制度何日可期?

2008 年汶川地震之后,我们曾梳理比较了新西兰、日本、法国、美国加州、中国台湾和土耳

* 本文原载于《金融时报》,2011 年 3 月 16 日。

其等六个国家和地区的地震保险模式。虽然这六个国家和地区的地震保险各有特点,但共同点也是明显的,其中之一就是所有这些国家和地区的地震保险,在制度建立之前的1—2年都曾发生过严重的自然灾害。反观中国,如果说1976年唐山大地震发生之时中国正处于一个特殊的历史时期,当时连保险都没有,何谈地震保险,那么2008年的汶川大地震,则将“地震保险”这一长期讨论的问题严肃地推向决策前台了。当时我们提出一个问题:“中国即使不能在两年左右的时间里建立一套完整的地震保险制度,是否也应该搭建一个基本的制度框架呢?”

一晃将近三年过去了,中国地震保险制度仍然遥遥无期。当然,这三年也不是一点进步都没有,比如,2008年12月新修订的《防震减灾法》将“国家鼓励单位和个人参加地震灾害保险”改为“国家发展有财政支持的地震灾害保险事业,鼓励单位和个人参加地震灾害保险”。当时,这一修订被视为地震保险立法上的重大突破,但其作用有点被高估了。因为2007年8月颁布的《突发事件应对法》已有类似表述——“国家发展保险事业,建立国家财政支持的巨灾风险保险体系,并鼓励单位和公民参加保险”。更早一些,2006年6月《国务院关于保险业改革发展的若干意见》也曾明确提出“建立国家财政支持的巨灾风险保险体系”。遗憾的是,关于地震保险,仅仅停留在“纸上谈兵”的阶段。

其间,一次可能的实质性突破擦肩而过。2008年10月,巨灾保险课题组曾以全国人大财经委的名义向人大常委会正式提交了《关于加快建立我国巨灾保险制度的意见与建议》的调研报告,准备提请审议。后来据说,有人认为巨灾保险制度费半天劲筹集的资金还不如几次赈灾义演的捐款，于是作罢。此说未经求证，若果真如此，那真是悲哀！八年之前我们曾经提出，每次巨灾发生之后，是主要依靠财政救济还是主要依靠巨灾保险来进行经济补偿，是判断一个经济体究竟是计划经济还是市场经济的重要标志之一。很欣赏全国人大财经委一位有识之士的观点——我国一直以来的各级政府为主导、以国家财政救济和社会捐助为主的灾害救济制度，“尽管仍发挥着巨大的作用，但从长远来看，已不适应市场经济条件下我国灾害预防、救助和恢复灾后重建的需要”。

为什么要倡导建立地震保险制度？至少它有以下几点好处：第一，保险可以在一定程度上缓解巨灾对国民经济（包括政府财政和金融系统）的冲击，发挥“经济稳定器”的作用。第二，保险是一项可为公众提供稳定预期的事前制度安排，它可以降低对事后的国家财政救济和社会捐助的依赖（与事前安排相比，事后安排在制度和金额上都存在较大的不确定性），发挥“心理稳定器”的作用。根据世界银行在各国的观察，假设全部损失是100亿元，政府能通过财政预算解决的连5亿元都不到，很多人因为没有事先安排补偿机制，重建家园的资金根本就无法落实。有数据表明，虽然中国每年用于防损减灾的财政支出不断上升（从1978年的9.02亿元上升至2004年的48.99亿元），但在自然灾害每年给中国造成的数以千亿元计的直接损失中，财政对赈灾所做的拨款不到直接经济损失的3%，绝大部分损失还是由受灾者自己承担。第三，保险不仅具有损失补偿的功能，而且如果设计得当（如承保前的费率调节和承保后的防损减损），它还具有风险控制的功能，可以发挥“风险控制器”

的作用。第四，通过保险这种市场机制来安排灾后重建，可以减少在国家财政救济和社会捐助等非市场情形中所带来的对社会管理制度的高要求的问题。比如，如何规范和加强抗震救灾捐赠款物的管理，如何做好救灾物资和资金分配使用，如何做到公开、公平、公正等，都是具有挑战性的难题。

如何构建中国的地震保险制度？我们认为应当从法律法规、核心机构、风险分担机制、条款费率设计、激励约束机制等五个方面进行整体框架规划。

第一，制定一部地震保险的法律、行政法规或部门规章。落实《突发事件应对法》和《防震减灾法》关于国家发展有财政支持的巨灾和地震灾害保险的规定，抓紧制定一部有关地震保险的法律、行政法规或部门规章。从中国的现实情况看，由国务院出台有关地震保险的行政法规，如《地震保险条例》应是比较可行的做法。

第二，设立一个地震保险核心机构。地震保险核心机构是地震保险制度的中心枢纽，建立适当的核心机构是制度良好运行的关键。从国际经验看，具体形式可以多种多样。中国可以考虑设立类似台湾地震保险基金的"中国自然巨灾保险基金"(China Catastrophe Insurance Fund，CCIF)，先从住宅地震保险做起，待条件成熟之后再考虑将洪水、台风等其他自然巨灾包括进来。

第三，设计一个政府支持的多层次的地震保险风险分担机制。在这个分担机制中，具体如何分配风险需要进一步研究讨论，但可以明确的是，它包括几个重要主体：投保人、保险人、再保险人、资本市场和政府。这其中，政府的角色定位尤为重要。

在中国,可以考虑建立一个类似日本地震保险制度的三层次风险分担机制。其中,政府需要担当两个重要责任:一是直接参与地震风险的分担,如在第二层次和第三层次承担一定的风险责任;二是为“中国自然巨灾保险基金”提供财政担保。

第四,设定一个条款费率合理的地震保险保单标准。在中国,地震保险的条款费率设计可以考虑以下几点:首先,采用全国统一的地震保险条款,设有合理的保单免赔额和赔付限额,限额以上部分通过补充性的商业保险解决;其次,根据基本风险大小(如所处区域、建筑材料等),地震保险基本费率采用级差制,同时允许根据保险标的具体状况(如建筑年限、抗震等级等),使用费率折扣;最后,合理划分毛费率中的纯费率和附加费率。

第五,建立一套鼓励公众参与的地震保险激励约束机制。在地震保险究竟应当采取强制还是自愿方式的问题上,我们认为,由于强制保险对政府公共治理具有较高要求,在条件不成熟的时候还是应当主要考虑采取自愿或部分强制的方式,而不能采取完全强制的方式(完全强制的一个典型例子如土耳其,必须购买强制地震保险才可申请住宅产权登记;部分强制是指,若购买住宅财产保险,则强制购买地震保险)。当然,与此同时,需要一套激励约束机制来鼓励公众参与。从中国情况看,可行的激励约束机制包括:对地震保险保费提供适当的财政补贴,对地震保险保费提供税前扣除优惠,对采取抗震防灾的保险标的提供费率折扣,对申请国家财政信贷支持的项目可考虑要求投保地震保险等。

巨灾保险基金

——保险应对大面积自然灾害的支持

刘新立

2011-02-23

近日，随着今冬第一场雪飘落京城，无雪之冬的悬念被60年来最晚降雪的历史纪录所取代。虽然在人工增雨/雪等技术的帮助下，华北、黄淮近期的降水使旱区气象干旱有所缓和，但正如保监会在其下发的《关于做好抗旱工作促进粮食和农业生产稳定发展有关要求的通知》中所强调的，抗旱保丰收仍是当前工作的重中之重。2010年入冬以来的干旱使得我国冬小麦主产区遭受了严重的旱灾影响，部分地区灾害程度为百年一遇。面对天灾所带来的农业损失，保险如何发挥经济补偿和社会管理功能？

理论上，保险之所以能够进行风险管理，在于它在技术上具有风险分散的功能，包括在单位时间上的空间分散以及长期来看的时间维度的分散。尤其对于大面积自然灾害来说，时间维度的分散更为重要，否则单纯以空间分散为手段，大量保险标的同时受损，将使保险准备金难以为继。但时间维度的分散功能要依托于保险基金的支持，保险基金使得整个风险分散体系具有一定的极限承受能力，其功能也可得以充分发挥，并且在一个良性循环的基础上进行运作。没有保险基金，无论是农业保险还是更宽泛的巨灾保险，且不说制度层面的操作，单从技术层面上来说，就有“底气”不足之嫌，无法充分地施展手脚。国际上不乏巨灾保险基金的尝试，如墨西哥巨灾保险基金，加勒比巨灾风险基金等，其中，墨西哥巨灾保险基金中涉及农业保险的部分对我们很有借鉴意义。墨西哥巨灾保险基金于1996年在墨西哥财务部内建立，是一种再保险和巨灾债券的混合物，目的是为灾后提供最后的财政支持，主要被用于公共基础设施的重建，以及粮食和牲畜生产者由于受灾而导致收入减少的补贴。基金所覆盖的农业风险包括风、干旱和冰冻等。

我国农业保险试点已初见成效，当各区域风险特点逐渐清晰，各试点模式的利弊逐渐显现之后，如何对这些模式进行整合，并给予整合模式一个强大的支持，就将成为这一工具能否发挥更大作用的一个关键因素。

巨灾保险基金作为风险后盾的角色，有几个特点是鲜明的。

首先，它是最后支持者。建立了保险基金，并不等于可以时时依赖，只有当损失超过了一定程度时基金才会显现它的威力。

例如,墨西哥巨灾保险基金就规定,只有当干旱、冰冻或者其他灾害影响到一个地区的绝大部分时,基金才进行支付,也就是说,墨西哥巨灾保险基金只赔偿系统风险那一部分。因此,对于农民来说,如果只是小范围的个人损失是得不到来自基金的赔偿的。此外,作为最后支持者,不能轻易倒下,这就要求基金除了有一定的额度保证之外,还有相当强的抗压能力。例如墨西哥巨灾保险基金为了保证赔付能力充足,筹集到的资金一部分用于再保险,如和瑞士再保险进行合作,还有一部分用于投资国际资本市场,在保证资金流通性的同时,保证了资金价值的稳定。另外一个重要的方面,这个最后支持者的角色中有政府的身影,实际上,这也是用市场手段来替代财政手段的一种方式,那么,政府应在一些方面帮助基金恰当地实现它的角色功能。如墨西哥巨灾保险基金规定,基金的风险转移的方案不能跟法律冲突,即风险资金的使用对象与使用范围都要跟法律相一致,如果发生灾害,受灾者怎样使用损失赔偿金需要由政府来决定,通过这种方式就可以保证所筹集的资金仅仅用于灾难损失补偿。

其次,巨灾保险基金的覆盖对象应合理选择。墨西哥巨灾保险基金还有一个特殊之处,那就是它所针对的是小土地所有者,只有小土地所有者有资格接受墨西哥巨灾保险基金的赔偿,它同时也限制能够获得赔偿的公顷数。之所以这样规定,是因为基金的设计者认为,一般来说,小土地所有者使用的生产工具成本也较小,这些小成本的生产工具抵御灾害的能力较低,而相对来说,较大的土地所有者则会拥有一些高成本的生产工具,那些使用高成本生产工具的农民具有一定的手段去分散灾害对其种植的农作物的影响，比如高成本的灌溉系统可以降低干旱带来的农作物的大规模的损失。从这个角度来说，使用较小成本生产工具的农民对于灾难风险的分散能力较弱，需要更多地依赖基金。墨西哥巨灾保险基金对这一特定人群的灾害补偿功能还是很有成效的。当基金赔付了最大赔付额时，小土地所有者在受灾农作物上的损失能够很大程度地被基金的赔偿所弥补。平均来说，基金的赔付能够占到小土地所有者在种植农产品时人力和财力花费的80%。

再次，基金应能够实现快速赔付。几乎所有的保险赔付中，快速都是非常重要的，因为很多情况下，筹集到的资金是为了灾害的救济，受灾后要尽快赔付，速度决定着间接损失的大小。但农业风险损失的特点给快速出了不小的难题，就是农业损失的衡量要想达到一定的准度需要一定的时间。好在巨灾保险基金并不是完全的保险，它对精度的要求不高，尤其在大面积损失的情况下，因此，墨西哥巨灾保险基金采用了指数保险的形式，因为指数保险产品可以免掉中间的定损时间。在这种情况下，农民所遭受的损失在一个月左右的时间内就可以得到补偿。因为是基于指数的，基金还发行了基于指数的巨灾债券和巨灾证券，触发的机制就是指数达到一定程度。

把握住这几个特点，巨灾保险基金将会为大面积灾害保险提供有力的支持。

CCISSR

政策与监管

台湾新金融消费争议处理机制是良药还是猛药

谭君强

2011-12-14

我国台湾地区于2011年6月通过了所谓的“金融消费者保护法”，从2012年1月开始，一般民众的金融消费纠纷，都可以向依据其所成立的“金融消费争议处理机构”提出申诉，而保险消费纠纷也被划入其中。不约而同地，中国保监会也于2011年10月成立“保险消费者权益保护局”，除了可以看出两岸金融监管者保护消费者的决心外，也凸显了金融消费的特殊性，必须要有更专业与完善的机构来排解纠纷。对台湾保险市场而言，这次金融消费争议处理机制有着许多的改变,其中最显眼之处,有三个地方:分别是证券、银行、保险三者综合的争议处理机构、争议处理费用由业者负担,以及业者必须接受一定金额以下的评议结果。以上三点的改变,对金融消费者的保护,可说是向前迈进了一大步,但是从后面两点也明显看出,业者必须要负担较高的申诉成本,并大幅提升了处理机构的公权力。以这种倾斜的方式消除双方资源的不对称,出现了许多值得探讨的地方,对市场发展与社会公平而言,是药到病除的"良药"?还是立竿见影,但却有副作用的猛药?

笔者试着针对保险市场的状况进行探讨。

首先由争议处理费用谈起。原本台湾地区的个人保险消费纠纷申诉机构由财团法人保险事业发展中心(以下简称保发中心)与保险局负责,其营运经费由保单中的附加费用与政府预算来支持,保户与保险公司皆不需额外负担费用。新制中的争议处理机构将对包括保险公司的金融业者,依营运规模收取年费,并且再论件收取个别的服务费用,依进入的程序不同,费用在台币两千至一万之间(台湾地区主管机构暂订金额),而消费者不须负担费用。新制的优点是利用增加业者处理成本的方式,引导保险公司更重视自身的销售与服务质量,但这也隐藏了引发道德风险与成本转嫁的风险。在小额的保险纠纷中,消费者可能会利用此机制浮滥申诉,迫使保险公司在成本考虑下不得不选择赔付。保发中心公布的数据显示,今年上半年保发中心与保险局处理申诉结果,有近一半是维持原议,和解与依申诉人意见处理则各占四分之一。此数据反映出应当归咎于保险公司的案件,多半已在申诉前完成处理。因此,对于申诉结果判定维持原处理方式时，应该免收或减轻保险公司应缴纳的服务费用，以维持公平与避免道德风险。相对于上述道德风险所引发的成本，成本转嫁的问题较小。虽然有人担心业者可将其负担费用转入保费中，但是此费用并非为不可消除的变动成本。良好的保险公司反而能通过优质的销售与服务来减少申诉发生，降低争议处理成本，获得价格上的优势。但是年费的收取也必须包含使用者付费的理念，不可单靠营业规模来定，否则将削弱其引导机制。

其次谈谈其法律上的约束力。金融消费争议处理机构的评议结果，具有类似民事判决效力，在台湾地区也是首开先例。现今提供申诉的处理机构，多半是提供其专业能力，扮演调解的角色，其结果不具有强制约束的能力，若有一方不满意，则调解不成立，可另外选择民事诉讼或仲裁。新制中，当消费者对于保险公司处理不满意时，可向“金融消费争议处理机构”提出申诉，该机构也会先进行调处的工作，若一方仍不同意调处结果时，则可再申请“评议”，若“评议”判定金融业者赔付金额在台币一百万（台湾地区主管机构暂订金额）以内者，金融业者必须接受，不可再转向民事诉讼或仲裁。法律诉讼旷日废时，对于财力、专业能力处于弱势的消费者非常不利，若能借助专业的争议处理机构解决纠纷，是较佳的选择途径。根据保发中心处理保险消费纠纷的经验来看，依案件不同，平均处理时间为6—16个工作日，这与民事诉讼动辄数个月，再加上律师费、诉讼费来比，强化处理机构的执行能力，将更容易达到节省社会成本与保护消费者权益的目的。但也要看到，给予新制度更高的法律权限，立意虽然良好，毕竟处理机构并不属于司法系统（其主管机关为台湾地区的金融监督管理委员会），若发生重大经济或社会事件，导致激烈的舆论时，是否仍能维持其专业操守，严守客观立场，不受外界压力所干扰，就必须由时间来检验了。

本次金融风暴凸显了金融消费者的弱势，金融业者不负责地推销产品，导致消费者损失，而消费者损失求偿程序繁琐耗时，不利于社会的公平正义。在争议处理中，个人消费者需要更多的保护，也因此台湾地区新的金融消费争议处理制度，更加向消费者倾斜。但假若矫枉过正，将发生道德风险，损害经营者与其他保户的利益，会造成社会总体的损失。为避免此类风险，笔者认为，需要注意以下几点：第一，收费制度要能反映该公司销售与服务质量，有效引导业者从善如流；第二，判定维持原议时，应当免除或降低业者的服务费用，消除道德风险；第三，评议与调解人员，必须具有高度专业背景以及严格的利益回避，维持公正审理；第四，判定条件一致，同类案件需相同标准处理，避免后续争议；第五，举证责任以业者为主，消费者为辅，对于消费者也应有专人提供咨询与协助，维护程序公平；第六，受理范围要明确，如未向业者申诉或未得业者处理结果、产品内部费用（应向其他监管机关反映）、非金融纠纷等应给予排除，减少资源浪费；第七，由法院审核结果后，才可执行，保证其合法性与约束力。

完善金融或是保险消费纠纷处理机制，使消费者获得保障，可有助于我国保险事业的发展。在一般消费者处于先天资源弱势下，给予更优厚的保护措施，也值得“保险消费者权益保护局”未来制定规章时多加考虑。不过，消费纠纷的发生，任何一方都不会是赢家，消费者即使获得了赔偿，但过程中也需付出时间与精神成本，所以事前的预防更胜于事后的治疗，亡羊补牢只是下策。

保险消费者探微

李青武

2011-11-30

随着保险业参与社会的广度和深度的增加，保险消费者才逐渐进入公共视野，其群体也在不断扩大。由于保险产品的特殊性，增加了保险交易的信息不对称程度，保险消费者处于经济上的弱势地位也进一步凸显，侵犯保险消费者权益的现象频发，因此，加强保险消费者权利保护的呼声也越来越强，尤其是金融危机之后，加强保险消费者权益保护已成为发达国家或地区保险监管的首要任务。2008 年金融危机后，人们越来越关注金融危机对消费者权益产生的影响,引起多国进一步关注金融领域消费者权益的保护,2008年是国际保险监管目标的转折点,此前保险监管目标主要强调保险市场安全有序,保险消费者权益保护只是保险监管诸多目标中的一个子目标,但2008年金融危机发生后,诸多国家纷纷突出保护保险消费者权益这个目标,并将其视为保险监管的首要目标,为此构建了一系列保护制度。中国保监会在这样的保险消费者权益保护潮流下,于2011年下半年成立了保险消费者权益保护局,尽管如此,我们在保险消费者权益保护方面仍任重而道远,首先,直面的问题是,谁是保险消费者?他们有哪些权利?

日常使用的保险消费者或金融消费者概念,大多是经济领域或政府金融宏观调控政策中使用的非正式性称谓,没有严格地界定其内涵和外延,更谈不上立法界定,例如,英国早在1975年就制定了《保单持有人保护法》,使用的是保单持有人概念,而没有使用保险消费者的概念。国际保险监督官协会颁布的《保险核心原则》第二十五条对保护保险消费者作了原则性规定,但也未对保险消费者作解释。虽然立法上没有界定保险消费者的概念,但不影响国家重视保险交易过程中对投保人、被保险人、受益人和责任保险中第三人正当权利的保护,尤其是金融危机后,保险业发达国家或地区在金融调控政策方面,强化了对上述主体权利的保护,并且开始普遍使用保险消费者或金融消费者的概念,甚至专门出台了金融消费者权益保护法,例如,我国台湾地区于2011年6月29日开始实施所谓"金融消费者保护法",其中第四条对金融消费者作了解释:其所称金融消费者,是指"接受金融服务业提供金融商品或服务者"。但不包括下列对象：一、专业投资机构。二、符合一定财力或专业能力之自然人或法人。该解释也是很模糊的，其第二项中"符合一定财力"的判断标准是什么，没有做出规定。

2009 年 12 月，英国司法部长和首席大法官向英联邦议会提出了《消费者保险法：前合同披露和误述》，该报告对"消费者保险"做了如下界定：消费者保险限于由个人签订的保险合同，其全部或主要目的与经营无关。如果保单的目的存在多样性，包括私人和商业用途，则有必要审视保险合同的主要目的。例如，承保的汽车主要用于出租，偶尔用于私人旅游，那么该合同应被称为商业保险。但是，在个人家庭财产险中，3 万英镑属于屋内设施，3 千英镑属于经营设备，则该人属于消费者。依据这段论述，我们可以推导出，英国将保险消费者界定为个人，且其保险合同的主要目的不是为了经营，而是为了生活需要。

国内使用保险消费者概念，主要体现在保监会的保险监管文件和工作报告中，没有对保险消费者的外延和内涵进行界定。国内很少探讨保险消费者的界定，吴民许博士将保险消费者界定为："保险消费者是指为个人生活需要购买保险产品或接受保险服务的自然人。"该界定借鉴了消费者权益保护法律制度经典文献中关于"消费者"概念的界定，强调了"生活需要"的要件，但忽视了保险消费者自身的特殊性，因为，消费者购买保险，分散的可能是生产领域的风险，也可能是生活领域中的风险，但很难区别消费者购买保险是为了生活需要，还是为了生产需要。

本文结合消费者的基本构成要素和消费者立法的宗旨，将保险消费者界定为：保险消费者是指依据保险合同对保险人享有请求权的自然人，包括投保人、被保险人、受益人、责任保险中的第三人。至于保险分散的风险是生产经营风险，还是生活风险，在所不问。之所以将责任保险合同中的第三人纳入保险消费者范围，理由是：责任保险第三人虽然不是保险合同当事人，但发达国家普遍规定责任保险中的第三人可以依据保险合同，对保险公司享有直接请求权，我国《保险法》第六十五条也规定了第三人在满足法定条件的情形下，对保险人享有直接请求权。

保险消费者包括具有自然人身份的下列主体：投保人、被保险人、受益人和责任保险中的第三人，其权利内容，一方面遵循了《中华人民共和国消费者权益保护法》规定消费者基本权利的要求，另一方面又具有特殊的表现形式，需根据其所处的具体法律关系来确定。例如，投保人享有保险合同解除权和剩余保费或保单现金价值的退还请求权；被保险人在产险中享有赔偿请求权，在寿险中享有受益人指定权；受益人享有赔偿请求权；责任保险第三人对保险公司享有直接赔偿请求权。与保险消费者权利相对应的是保险公司的义务，主要体现为：明确说明义务、及时赔付义务、保证偿付能力义务等。

本文没有将保险消费者限定为生活领域的消费者，原因是大量具体保单难以区分是属于生活领域，还是生产领域，甚至一份保单，既承保生产领域中的风险，也承保生活领域中的风险。例如，个体运输户，购买了交强险和商业第三者责任险，虽然分散其生产领域（个体运输）风险，但是，这些风险直接影响到个体运输户的生活。此外，机动车责任保险的宗旨是为了受害第三人的利益，尽管被保险人为了分散生产领域（从事运输业）的风险，但是，责任保险应优先保护受害第三人的利益，此时的受害第三人利益保护应高于被保险人的利益保护，此种情形下的责任保险,从被保险人角度而言,分散的是生产领域中的风险,而从受害第三人而言,分散了受害第三人因侵权行为人责任财产不足而得不到赔偿的风险,保障了受害第三人的基本生活。此外,有些保险产品,既具有投资性质,又包含分散风险的功能,对于这类保险产品的被保险人,不能因该产品有投资性质,就否定其消费者身份,但同时,因该产品具有分散生活风险的功能,又认定该被保险人具有保险消费者的身份,这会导致被保险人身份分裂。因此,将保险消费者限定于生活需要,一方面徒增司法适用的难度,甚至导致司法审判不一;另一方面也导致大量投保人、被保险人、受益人、第三人被排除在保险消费者保护之外,导致其利益得不到应有的保障。

厘清保险消费者的内涵、外延及其权利,是保险消费者权益保护局正确履行其职责的根本,才能做到有的放矢;是构建保险消费者权益保护制度大厦的基石。

保险消费者权益保护正当其时

郑　伟

2011-11-23

近几年，世界金融危机爆发之后，全球范围内的金融消费者权益保护工作日渐兴起。2011年10月，中国保监会保险消费者权益保护局正式成立，消费者权益保护被提上保险监管的重要议事日程。虽然中国强调保险消费者权益保护的背景与国际上有所不同，但鉴于保险消费者权益侵害的严峻现实，应当说，当前在中国的保险监管机构中，设立专门的部门来负责消费者权益保护工作，正当其时。

不需罗列调查数据，仅凭我们“道听途说”

的生活经验就可以初步判断,中国保险消费者权益侵害问题十分严重!造成这种现象的原因是多方面的,其中可能有需求方即保险消费者的理解和认知局限的原因,比如因为保险知识欠缺,所以容易想当然或者被误导。但必须正视的是,造成保险消费者权益侵害主要还是供给方和监管方的原因。

供给方(保险公司及其代理人)的原因主要是保险产品缺陷和服务缺陷。从产品缺陷看,包括:其一,产品设计缺陷,如产品设计中的保险责任、责任免除和赔偿处理的设计不当,应当包含在保险责任范围之内的风险未被纳入;其二,产品定价缺陷,我们认为,赔付率过低的产品是"不道德"的产品,费用率过高的产品是"资源浪费"的产品。从服务缺陷看,包括:其一,在销售环节,销售误导,夸大收益,风险提示不足;其二,在核保环节,未尽审慎义务;其三,在理赔环节,拖延,惜赔,甚至无理拒赔。需要强调的是,在理赔环节是否应赔不能单纯教条地基于合同,而应基于整体流程(包括产品设计、销售、核保等)来进行判断,比如有一项风险虽然在合同中属于责任免除范围,但是保险公司在产品设计和销售时,让消费者误认为属于保险责任,且在核保环节保险公司也未尽审慎义务,那么对此就不能简单地一拒了之了。此外,保险消费者权益侵害,监管方也难辞其咎。这方面我们需要认真思考两个问题:第一,在监管理念上,我们是保护保险消费者还是保护保险公司?第二,在监管政策上,是否存在对消费者保护重视不够、落实不够、监管不力的问题?

世界金融危机之后,金融消费者保护成为热门议题,许多国际组织(如二十国集团、经合组织、世界银行、国际消费者联盟等)和典型国家地区(如美国、英国、中国台湾地区等)的做法和经验值得中国保险业关注和借鉴。二十国集团于2011年10月发布了“二十国集团金融消费者保护高层原则”,包括法律和监管框架等十项内容。美国2010年7月通过《多德-弗兰克华尔街改革与消费者保护法》,建立联邦保险办公室和消费者金融保护局,其核心即是金融改革和消费者保护。英国2010年6月通过的金融监管改革方案决定新设立消费者保护和市场管理局,后更名为金融行为准则局,负责监管所有金融服务行为,保护金融消费者。台湾地区2011年6月通过《金融消费者保护法》,就金融机构在金融消费者保护方面的基本义务、设置专业和独立的金融消费争议处理机构及金融消费争议处理程序和赔偿问题做出了法律规范。

关于保险消费者权益保护,我们提出五个基本理念:(1)保险消费者保护是保险业持续发展的基础。二者短期有矛盾,但长期相一致。(2)保险监管的最大职责是保护保险消费者的合法权益,而不是推动保险业的发展。因为存在市场失灵,保险消费者是相对弱势群体,所以需要政府保护。保险业对经济社会发展的可能破坏作用,不是体现在保费增速放缓上,而是体现在偿付能力不足、销售误导、理赔纠纷等保险消费者权益侵害问题上。(3)公众保险消费教育是保险消费者保护的重要防线。要用专业知识武装消费者,让消费者增强自我保护能力。(4)正确把握保险消费者保护与反保险欺诈的关系。不保护保险消费者中的少数保险欺诈者的“权益”,实际是对大多数保险消费者的保护。(5)保险消费者保护应避免矫枉过正。合规有成本,监管有成本,最终可能还是转嫁给消费者,“复杂的规矩未必成就完美的方圆”。只有当监管的社会效益高于企业合规成本和监管成本之和，从社会总福利的角度看，才是理性的选择。

具体到中国的保险消费者权益保护，我们初步提出七个方面的政策建议。第一，在监管框架方面，因为保险监管机构的根本职责是消费者权益保护，保监会许多部门的工作都与此有关，所以，应当清晰划定新成立的保险消费者权益保护局与保监会其他相关部门的关系，既有清晰分工，又要高效协作。第二，在监管内容方面，偿付能力监管、公司治理监管和市场行为监管对于保险消费者保护都很重要，但在此要特别强调市场行为监管，这是一项关系保险消费者保护的长期重要的常规工作，在这方面要重视标本兼治（如梳理和纠正经监管机构审批或备案的保险产品中可能存在的侵害保险消费者权益的问题），要重视顶层制度设计（如保险营销员制度改革）。第三，在监管策略方面，在问题普遍泛滥的情况下，监管应注意抓大放小、整合规矩、奖惩分明。一方面抓主要矛盾，因为大道至简，只有简单明了，才能扼住要害；另一方面避免“政出多门”，提高“规矩”的合理性和科学性；同时在此基础上，对不合规行为确保处罚到位，让违规者付出代价，培育行业合规文化。第四，在行业自律方面，应努力达成自律共识，避免“公地悲剧”；要关注中小保险公司的诉求，避免“多数人的暴政”；要让自律公约成为“可信的承诺”，而非一纸空文。第五，在反保险欺诈方面，要提高识别欺诈的能力，减少“错疑”的概率，努力避免因反保险欺诈而损害消费者的合法权益。第六，在专家咨询方面，可考虑设立中国保监会专家咨询委员会，邀请学界和业界专家参与，出台重要政策之前先征求专家意见，充分讨论论证，避免政策错误。台湾地区在这方面有很多经验值得借鉴。第七，在公众教育方面，建议针对中国保险消费者权益侵害的当前突出问题，认真组织编写一本高质量的《保险消费者指南(手册)》，广为宣传，并与时俱进定期修订更新。

从当前国际趋势和国内现实情况看，保险消费者权益保护工作正当其时，社会公众对此寄予厚望！

交强险扭“亏”肇始于尊重应然制度

李青武

2011-08-10

2011 年 8 月 4 日，保监会公告称，2010 年交强险经营亏损达 72.4 亿元，相对于 2009 年的 29 亿亏损额，增加了 43.4 亿元。在我们质疑交强险经营亏损数字之前，首先应正本清源，正确定位交强险制度功能，改变交强险制度被扭曲的现状，降低交强险经营的制度性风险，从制度上保障交强险定价精算的公正性和经营报告的客观性。

一、正确认识交强险功能定位

我国的交强险因其特殊性功能被盲目放大,其功能负载了难以承受之“重”,从而增加了保险公司的经营风险。因此,在确定是否为交强险减负之前,应正确认识交强险制度。

首先,交强险属于保险产品,应遵循基本的保险原理和保险惯例,例如合法性原则、精神损害赔偿责任除外、被保险人或被保险机动车非法使用人对受害人的侵权责任成立等。其次,作为承载社会公共政策的险种,为保护受害人利益,需做些特殊的规定,主要体现为:强制投保和强制承保、受害第三人优先保护、保险公司不得以抗辩被保险人的事由抗辩受害第三人的直接请求权、免责事由法定、赔偿项目及其限额法定、保险公司对被保险人特定情形下的追偿权。而我国现行的交强险制度在保护受害人方面刚柔不当,该保护的没有保护,如驾驶员故意制造交通事故或醉驾情形下,保险公司应承担保险赔偿责任,而不是垫付责任;不该保护的保护了,例如精神损害赔偿、无责赔付;同时因追偿权欠缺,未能兼顾保险公司利益。再次,交强险属于责任险,其保险标的为被保险人对第三人承担侵权责任,如果被保险人对第三人不承担侵权责任,则保险公司就无需承担保险责任。

二、通过修法改变交强险制度被扭曲的现状

为加强受害人利益保护，应从六个方面强化保险公司责任。但是，保险公司的合法权益应得到保护，为此，应从五个方面剥离现行交强险担当的功能。(1) 废除保险公司“无责赔付”责任。修正交强险条例第二十三条关于“被保险人在道路交通事故中无责任的赔偿限额”的规定。(2) 剥离保险公司的精神伤害赔偿责任，废除《机动车交通事故责任强制保险条款》第八条第二款关于精神损害抚慰金赔付的规定。因为强制责任保险只解决受害人的基本保障问题，不承保侵权责任中的精神伤害，这是保险惯例的体现。(3) 废除保险期间“及时生效”的指导性意见，允许保险公司选择“于次日零时生效”。因为在交强险生效前，保护受害人的方式是机动车禁止驶入公共场所，否则还应承担刑事责任。(4) 规定受害人为二人以上的保险责任给付方法。各受害人从交强险限额中获得的赔偿额，应等于其保险金额内获得的保险赔偿额占各受害人分别在保险金额内获得的保险赔偿额之和中的比例，乘以其保险金额内获得的保险赔偿额。(5) 保险责任分项中的财产损失，仅指财产因交通事故遭受的损失，不包含因人身伤害造成的财产性赔偿责任，如医疗费、误工损失等与人身伤害关联的财产损失。

任何机构不得在扭曲交强险制度的情形下，肆意增加交强险功能或承保情形。例如，保监厅发[2010]11号文件规定：“对于主车和挂车在连接使用时发生交通事故的，要严格按两个责

任限额累加进行赔付。”该规定显然增加保险公司不当的经营风险。因为,当挂车与牵引车(或主车)连接使用时,两者视为一个整体,当发生交通事故时,由承保牵引车(或主车)的保险公司承担保险责任,而不是将两个责任限额累加进行赔付;当拖车未连接时造成的损失,才由其承保人承担保险责任。这种立法例已体现在德国法中。《关于审理道路交通事故损害赔偿案件适用法律若干问题的解释(第三次征求意见稿)》第十六条第二款规定:“被保险机动车在机动车第三者责任强制保险合同有效期内发生改装、加装、使用性质改变等导致危险程度增加以及影响保险费增加的,发生保险事故后,保险公司应当在机动车第三者责任强制保险责任限额范围内予以赔偿。保险公司请求投保人按照重新核定后的保费标准补足当期保险费的,应予以支持。”该解释显然侵犯了保险公司的利益,因为,被保险机动车经改装或加装等,显然违反了保险合同禁止改变保险标的的约定,同时擅自改装等行为属于违法行为,此种情形下,保险公司在赔偿受害第三人后,有权向被保险人进行追偿,而不是只能选择增加保费。该解释第十八条规定了保险公司对未经被保险人允许擅自使用被保险机动车发生的事故承担保险责任,但未赋予保险公司的追偿权,这也侵犯了保险公司的正当权益。

三、改变司法误读误用“道交法”第七十六条第一款规定

司法误读误用《中华人民共和国道路交通安全法》第七十

六条第一款规定，增加了保险公司无法估量的经营风险。司法是一个依据法律规定和法理进行严密逻辑推理的过程，而不是如同使用傻瓜照相机那样简单操作。司法者只看到第七十六条第一款规定，却看不到该法第十七条的规定，看不到我国《保险法》第六十五条第四款关于责任保险的法定解释，也不考虑侵权人对受害人的侵权责任是否成立和交强险法定保险条款的约定，只要肇事车辆购买了交强险，就判定承保人对受害人承担保险责任，忽视甚至剥夺了保险公司在特定情形下赔偿受害人后对被保险人的追偿权。

四、增加交强险经营数据的公信力

由于保险公司在经营交强险的同时，其人员和设施也经营其他财产保险，导致公众认为保险公司将经营商业保险的成本不当分摊到交强险中，这种质疑大大降低了交强险亏损数字的公信力。为化解公众的质疑，国内保险公司应在内部建立严格的防火墙制度，将经营交强险的成本与经营其他产险的成本严格分离。此外，我们的行业协会应借鉴台湾地区保险事业发展中心的做法，内部设立专门的精算中心，对交强险等险种的经营情况进行严格的财务分析，然后将分析报告向社会公布，从而增加数据的公信力。

简单的交强险制度并不玄妙，玄妙的是涉及交强险的决策者们如何突破原有的知识局限，遵循国际保险惯例和借鉴先进保险立法经验，回归交强险制度的本来面目。因为交强险制度一旦被扭曲，我们也就失去了质疑交强险经营状况的根据。

保险公司信息披露期待更多关注和评判

郑　伟

2011-06-29

2011 年是《保险公司信息披露管理办法》要求的保险公司发布年度信息披露报告的第一年,除个别公司因正在重组未披露外,其他 110 余家保险公司都发布了年度信息披露报告。目前,虽有不少媒体对首年的保险公司信息披露进行了报道和点评,但从系统性的角度来说,还有许多工作要做,还需要更多的关注、评估和分析——不论是权威部门的"权威发布",还是研究学者的"一家之言"。

保险公司信息披露的重要性不言而喻——

保险业是经营风险的行业,与社会公众利益相关性很强,市场要求保险公司比其他公司披露更多的信息;信息披露是解决市场信息不对称、提高市场运转效率和透明度的重要措施。但长期以来,社会公众获取保险公司信息的渠道十分有限。

不仅社会公众感觉保险公司信息难以获得,即便是专业研究人员,也长期抱怨数据匮乏。长期以来,国内保险行业数据,特别是保险公司的微观数据相当匮乏,许多相关实证研究无法深入,这已经成为制约中国保险理论和政策研究的一大障碍。保险公司信息披露制度的确立,各家保险公司按规定发布年度信息披露报告,将为解决数据匮乏问题、提升保险领域的研究水平起到积极的作用。

坦率地说,2010 年颁布的《保险公司信息披露管理办法》作为一项制度成果来之不易。早在 2006 年保监会已就当时的《保险公司信息披露管理暂行办法(草案)》向社会公开征求意见,其间各方争议很大,对于究竟应当披露多少信息,存在大量分歧。若不是 2010 年国际货币基金组织和世界银行来中国进行金融稳定评估,这个信息披露管理办法可能还要继续讨论和争议下去。正因为来之不易,所以我们应当倍加珍惜,利用好并进一步完善这个信息披露制度。

如果在保险公司向社会公众披露信息之后,虽然各家参差不齐,但没有人对信息披露进行公开评判,就不利于“激励先进、鞭策落后”;如果第一年没有人公开评判,第二年第三年可能就会不了了之,乏人关注。相反,如果有更多人对保险公司信息披露问题感兴趣、做研究,那么对保险公司就会形成一个“正向激励”,提高它们对信息披露的重视程度,激励它们向社会公众披露更多的信息,从而可能获得社会公众对保险公司的更多了解和信任,形成一个良性循环。

过去几个月,我们尝试着对首年的保险公司信息披露进行较为系统的评估和分析,尝试着编制中国保险公司信息披露指数(甚至排行榜),对各家保险公司、分中外资、分产寿险、分子项目的情况进行研究,目前已经得出了一些初步的结论。待进一步修订后,我们计划将研究结果公开发表,求教各方。虽是一家之言,但希望我们的研究能够为完善中国保险公司信息披露制度贡献绵薄之力。我们研究的初衷是,为中国保险公司信息披露构建横向比较和纵向比较的数据基础,使得某一年度各保险公司之间的信息披露可以对比,而且随着数据的累积,以后各年度之间保险公司的信息披露也可以对比。在此基础上,不仅可以对保险公司的信息披露质量进行评估,而且还可以进一步对保险公司信息披露的影响因素进行分析。

在信息披露的研究过程中,我们发现有两个方面的问题亟待解决。一是信息披露内容要求的进一步具体和统一,以提高信息披露的质量和可比性。在今年的保险公司信息披露的分项信息(包括基本信息、财务会计信息、风险管理状况信息、保险产品经营信息、偿付能力信息)中,各项信息的披露质量存在较大差异,大致可以分为三类。第一类是披露好的项目,包括保险产品经营信息和偿付能力信息;第二类是披露较好的项目,包括基本信息和财务会计信息;第三类是披露较差的项目,主要是风险管理状况信息。这种差异当然主要是保险公司方面的原因,但是与某些项目的信息披露要求缺乏具体统一标准也不无关系。此外，信息披露内容的具体统一将使各家保险公司的相关信息和数据可以直接对比，便利社会公众对信息的阅读和使用，提升信息披露的作用和意义。

二是行业统一信息披露平台的建设。目前是各家公司在自己的网站上开设公开信息披露专栏，行业没有统一平台，这样的弊端是社会公众获取相关信息十分不便，他们需要搜寻某一家保险公司的网站（个别公司网站有时无法登陆），打开信息披露专栏（个别公司信息披露专栏至今无法打开），检索相关信息，然后再搜寻另一家保险公司的网站，继续同样的检索。而且，有些保险公司可能更改已上传披露的信息，甚至隐瞒或更改披露时间（这些情况在今年均有发现），这将使保险公司信息披露的公信力大打折扣。

如果没有行业统一的信息披露平台，许多监管要求难以真正落实。比如，《保险公司信息披露管理办法》要求，公司基本信息发生变更的，保险公司应当自变更之日起10个工作日内更新；保险公司发生重大关联交易或重大事项的，应当自事项发生之日起10个工作日内编制临时信息披露报告，并在互联网站上发布。但是，如果保险公司在披露信息时未标注披露时间，或者标注虚假的披露时间，如何有效监督其是否在规定时间内披露呢？建立行业统一信息披露平台，在技术上应该没有问题，因为证券业早就这么操作了。比如你打开中国证监会的网站，在首页可以看到“信息披露”专栏，点击进去可以看到预先披露、基金信息披露、上交所信息披露、深交所信息披露等栏目，每个栏目之下，各种公告信息及披露时间一目了然。

保险公司信息披露是中国保险业改革发展的一项重要制度成果,2011 年是保险公司年度信息披露报告的首年,虽各家参差不齐,但总体开端良好。更多关注,更多评判,将推动这一制度走向完善。

从首份公开年报看非上市险企的信息披露质量

郝君富

2011-05-18

保险企业作为公众公司，与广大社会公众的利益息息相关，因而，为保障投保人等社会公众的合法权益，进一步完善保险公司治理结构和保险监管体系，提高保险市场的运作效率，中国保监会于2010年4月审议通过了《保险公司信息披露管理办法》，并于2010年6月12日起施行。根据该办法，作为一项“常规机制”，保险公司应于每年4月30日前在公司互联网站和中国保监会指定的报纸上发布年度信息披露报告。按照《保险公司信息披露管理办法》的规定,今年4月30日前,国内百余家未上市保险企业应首度公开披露公司的年度报告,非上市险企的首份年度报告信息披露备受关注和期待。

时至今日,非上市险企的首份年报已揭开神秘面纱,非上市险企向社会公众提交了一份怎样的信息披露答卷呢?考虑到公司互联网站是年报信息披露的主要载体,带着这一问题,笔者以财险公司为样本,通过手工搜集48家商业性非上市财险公司的网站资料希望对此给出解答。下面笔者分别从年报信息披露的及时性、可比性和充分性三个方面对非上市险企的年报信息披露质量进行评析。

首先,从信息披露的及时性来看,在笔者选取的48家非上市财险公司中,47家公司于今年4月30日前在公司互联网站提供了信息披露链接以进行年报信息披露。仅有中华联合财险公司未在保监会规定的时限内在公司互联网站公开披露年度报告,对此,中华联合财险公司通过公司互联网站发布信息解释称"公司目前正在进行重组,在相关重组工作完成后将及时披露相关信息"。在公司互联网站中给出信息披露链接的47家公司中,现代财险(中国)公司互联网站的信息披露栏目链接无效,无从了解到相关披露信息,从紫金保险公司互联网站"公开信息披露专栏"的"年度信息披露报告"中下载得到的并非是公司年度信息披露报告,文件上传有误。因而,48家样本公司中共有45家公司及时通过互联网站向社会公众提供了有效的年度报告披露信息。

其次,从信息披露的可比性来看,45家样本公司所披露的年报信息在基本内容方面均符合《保险公司信息披露管理办法》的规定，涵盖了包括财务会计信息、风险管理状况信息、保险产品经营信息以及偿付能力信息在内的全部四方面的关键信息，因而，有利于广大社会公众从以上四个重要方面对各家保险公司的经营状况进行横向比较。但在各项具体信息的披露中，存在如下两方面主要的差异进而将降低年报信息的可比性：一是各家保险公司对于财务报表附注和风险管理状况信息披露的详尽程度存在较大差异；二是在保险产品经营信息的披露方面，因产品分类标准不同，各家财险公司所披露的“上一年度保费收入居前五位的商业保险险种经营情况”信息存在较大差异，如有的保险公司按机动车辆险、企业财产险、工程险、责任险和意外伤害险等进行分类并选取保费收入居前五位的险种进行披露，但也有保险公司以更细的分类标准进行分类和披露，如天安保险公司披露的前五位商业保险险种分别为家庭自用汽车损失保险、营业用汽车损失保险、非营业用汽车损失保险、特种车保险、施工机械保险。以上两方面差异的存在必然在一定程度上降低保险公司年报信息的可比性，而《保险公司信息披露管理办法》中并未对相关信息披露的详尽程度和产品分类标准等作出明确的规定或解释。

再次，从信息披露的充分性来看，对于“风险管理状况信息”的披露，已实际披露年报信息的样本公司均根据《保险公司信息披露管理办法》的要求，从风险评估和风险控制两方面进行了信息披露，但仅有国泰产险、三星财产（中国）等少数公司结合公司经营现状对公司所面临的风险状况给出了定量的分析，并基于特定假设进行了敏感性测试，而其他多数公司的“风险管理状况信息”限于对公司所面临的各类风险及其含义的一般性列示，并未充分结合公司经营特点提供定量的风险管理现状信息或预测性信息，因而，所披露信息流于形式，信息量有限，广大社会公众难以据此对公司的风险管理状况做出有价值的分析和判断。对于“偿付能力信息”的披露，已实际披露年报信息的样本公司均对“实际资本和最低资本、资本溢额或者缺口、偿付能力充足率状况、相比报告前一年度偿付能力充足率的变化及其原因”等偿付能力信息进行了披露，但对于“偿付能力出现不足或者发生重大变化”原因的披露，各保险公司几乎众口一词地将其解释为“保费收入的持续增长导致公司最低资本要求提升”这一正面的因素，或归咎于“国内资本市场波动较大，使得实际资本增幅较缓”这一客观外在因素的影响，而对于除此之外可能因公司内部经营管理问题导致综合收益和实际资本下降等负面内在因素的影响则讳莫如深。可见，从信息披露的充分性来看，总体而言，非上市险企的年报信息披露中有关公司风险管理和偿付能力等重要敏感信息的披露有欠充分和完整。

综上分析，可以看到国内非上市险企向广大社会公众提交的首份年报答卷在信息披露质量方面并不能堪称完美，从保险监管角度，未来我国保险业的信息披露工作仍需进一步完善和规范，但同时我们也应欣喜地看到，《保险公司信息披露管理暂行办法》的颁布实施不足一年，已促使非上市险企首次向社会公众公开披露了年报信息并开始接受社会公众的外在评判和广泛监督，这标志着我国保险业在进一步增强信息透明度和市场约束力方面又迈出了重要而坚实的一大步，我国保险业信息披露的新时代已经开启。

复杂的规矩，未必成就完美的方圆*

郑　伟

2011-05-10

刚刚过去的4月，对于保险公司来说应该是十分繁忙的一个月，因为在4月底之前，各家保险公司要向监管机构提交一系列的报告。古云：不以规矩，不成方圆。规矩是必要的，合规也是重要的，对这一点大家应该没有分歧。但是，规矩要多少？多些好还是少些好？却是一个值得讨论的问题。

根据《保险法》，保险公司应当按照保险监

* 本文原载于《每日经济新闻》，2011年5月10日。

督管理机构的规定，报送偿付能力报告、财务会计报告、精算报告、合规报告等报告。仅以风险、内控和合规为例，我们看看保险公司具体需要提交哪些报告。

根据2007年《保险公司合规管理指引（试行）》，保险公司应当在每年4月30日前向中国保监会提交公司上一年度的“年度合规报告”。根据2008年《保险公司董事会运作指引》和2010年《关于规范报送〈保险公司治理报告〉的通知》，保险公司应当于每年4月30日前，将经董事会审议的上一年度“公司治理报告”报中国保监会。根据2007年《保险公司内部审计指引（试行）》，保险公司应当于每年4月30日前向中国保监会提交“内部审计工作报告”和经董事会审议的“内部控制评估报告”。2010年《保险公司内部控制基本准则》进一步明确，经保险公司董事会审议通过后的“内部控制评估报告”，应当于每年4月30日前以书面和电子文本方式同时报送中国保监会。根据2007年《保险公司风险管理指引》，保险公司应当按照本指引及偿付能力编报规则的要求，在年报中提交经董事会审议的“年度风险评估报告”。针对财产保险公司和人身保险公司，分别有更加细化的要求。根据2008年《关于实施财产保险公司风险评价办法（试行）的通知》，财产保险公司每年要对公司风险状况进行自我评价，并按要求撰写“年度风险自我评价报告”，报告经公司董事会审议通过后，于4月30日前报保监会。根据2010年《人身保险公司全面风险管理实施指引》，人身保险公司应于每年4月30日前向中国保监会提交经董事会审议的法人机构“年度全面风险管理报告”。

这些“规矩”是否有些繁多了、重复了、复杂了？“规矩”要有，但不能太复杂，复杂的规矩，未必成就完美的方圆。为什么呢？至少有以下三个原因。

其一，从成本收益的角度考虑。毋庸置疑，政府监管具有社会效益，但同时我们也应当考虑相应的成本，这里的成本包括企业合规成本和监管成本。一方面，企业合规是有成本的。只要有规矩存在，企业就需要投入相应的人力、物力和财力去行动，去编制报告，去合规。规矩越多，合规成本越高。这些成本最后还是由企业或消费者来承担，仍是社会的成本。另一方面，监管也是有成本的。规矩越多，除非放开不管，否则光检查被监管者是否合规，就需要付出更高的监管成本。我们的保险市场处于初级发展阶段，监管资源相对十分有限，如何将有限的保险监管资源投入到无限的为保险消费者服务之中去，这是值得深思的问题。综合起来，只有当监管的社会效益高于企业合规成本和监管成本之和，从社会总福利的角度看，才是理性的选择。

其二，从信息使用的角度考虑。如果规矩太多太复杂，那么重要信息、一般信息和无关信息就可能混在一起。这样一方面，重要信息容易被淹没，信息提取和甄别成本增高，不利于提高保险监管效率；另一方面，复杂的报告有可能给某些企业以避重就轻之机，表面看似报送了一大堆报告，其实某些重要的信息反而可能被人为遗漏了。

其三，从立规精神的角度考虑。为什么要立规？为什么要求合规？在保险领域，简言之就是为了保护保险消费者的合法利益。我们不是为了合规而合规，不能偏离立规的目的和初衷，否则可能不仅实现不了立规精神，而且还可能走向立规精神的反面，因为高企的合规成本最终很可能被转嫁归宿到消费者身上，加重消费者的负担。

过去这些年，中国保险监管取得了许多重要的成果，这一点是有目共睹的。下一步，在合规监管方面，可以做一些改革。在此，提出几点建议供监管决策参考。

第一，删繁就简，抓大放小。温家宝总理曾说，多年来，我们在转变政府职能方面做了大量工作，取得了明显成效；但是，目前的问题还很多：政府及其部门仍然管了许多不该管、管不了也管不好的事。保险监管机构也多次表示，必须进一步解放思想，彻底摆脱传统计划经济的羁绊，切实转变监管部门的职能定位，把该管的管住管好，对不该管、管不了、实际上也管不好的要坚决放手。"删繁就简三秋树，领异标新二月花"，讲的是"以少许胜多许"的意思，用在保险合规监管方面，其实也是合适的，我们要抓大放小，抓主要矛盾，抓重要信息，提高"规矩"的合理性和科学性。大道至简，只有简单明了，才能扼住要害。

第二，跨越部门，整合规矩。目前在风险、内控和合规监管方面，可以说"政出多门"，涉及保险监管机构的法规部门、发展改革部门、产险监管部门、寿险监管部门等，要求报送的报告包括年度合规报告、公司治理报告、内部审计工作报告、内部控制评估报告、年度风险评估报告（产险为年度风险自我评价报告、寿险为年度全面风险管理报告）等，此外，地方保险监管机构还有不少针对保险公司分支机构的合规报告要求。从各自部门的角度看，要求保险公司提供这样或那样的报告，要求并不过分，但是综合起来看，我们发现这些报告之间存在较多的内容重复现象，导致保险公司疲于应付，增加了合规成本，而且不能提升监管效果，属于一种"无谓损失"（deadweight loss）。这一问题，可以通过监管机构内部跨部门的政策协调来解决，即做一项“整合规矩”的工作。

第三，强化执行，奖惩分明。在“删繁就简”和“整合规矩”的基础上，在保证“规矩”的合理性和科学性的前提下，接下来的工作重点就是强化执行了。保险市场的种种乱象，与保险公司的合规意识薄弱和合规文化缺失有直接关系，而提升合规意识、培育合规文化的最佳途径之一，即是对保险公司的不合规行为，确保处罚到位，让违规者付出代价。

破解车损险“按责赔付”困境之法理考量

李青武

2011-03-02

车险“按责赔付”条款因央视曝光而广受关注，它甚至被斥为“霸王条款”，让刚实现扭亏为盈的车险再受冲击。保险监管部门对此事很重视，据《新京报》2011 年 2 月 23 日 A21 版报道：保监会将指导中国保险行业协会及保险公司完善车损险“代位追偿”标准和流程等，方便事故双方理赔；北京市保监局考虑以行业自律等方式推行“代位追偿”，维护投保人的权益。但业界有人质疑保险监管部门的做法，认为依据《保险法》，保监会无权要求保险公司必须接受投保人的“代位追偿”申请。笔者认为：“霸王”嫌疑本可避免；保险监管部门要求保险公司间赔付有法可依。

所谓“霸王条款”，是指合同一方当事人滥用其优势地位，约定的权利义务显失公平且侵害对方或他人合法利益的条款。车损险条款约定：“保险人依据保险车辆驾驶人在事故中所负的事故责任比例，承担相应的赔偿责任。保险车辆方负主要事故责任的，事故责任比例为70%；保险车辆方负同等事故责任的，事故责任比例为50%；保险车辆方负次要事故责任的，事故责任比例为30%。”该条款被称为“按责赔付”条款。此外，如果车主没有购买“不计免赔险”，保险公司还单方约定不同情形下的免赔率，如“负全部事故责任或单方肇事事故的免赔率为15%”。这类格式条款是否均构成霸王条款，值得商榷。车主购买“全险”，仅指车主购买了保险公司开发的涉车的全部保险产品，不是指任何情况下的车损均由保险公司赔付。保险特质之一是风险可保性，即保险公司根据大数法则，在产品定价精算时，考虑哪些风险可保，哪些风险不保，无责车主机动车被有责车主碰撞的事实，虽属于意外事故，但如果保险公司未承保，仍然不构成保险事故，保险公司不承担赔付责任。保险公司对风险进行选择性承保，源于保险是风险的聚合体和具体保险合同权利义务的非对等性，这一点不同于《合同法》所规制的合同，因这种差异被忽视，在裁定保险合同及其条款的效力方面，司法人员错误援引《合同法》第四十条规定，甚至误用或滥用《保险法》第十九条规定。具体保险合同承保的保险事故如不发生，被保险人仅获得精神慰藉，其支付的保费“贡献”给遭受保险事故的其他被保险人；如保险事故发生，被保险人从保险公司获得的赔付就远超过其支付的保费。如果每一个被保险人发生的任何意外事故,保险公司都予以赔付,这违反了“大数法则”定理,保险公司将破产。保险公司将“无责赔付”纳入免赔范围,可能由于下列因素:(1)保险产品定价精算时,没有将“无责赔付”纳入赔付情形,而是假定有责车主投保了责任保险,此时的“无责赔付”将由有责车主的责任险承保。(2)防止被保险人欺诈,隐瞒其他责任车主造成车损的事实。(3)防止被保险人不履行相应的协助义务,侵犯保险公司的代位追偿权。

保险公司要否定“按责赔付”条款的“霸王”嫌疑,最有效的对策是能证明其保险定价时,没有将“无责赔付”纳入承保范围,就我国保险精算现状而言,保险公司很难举证。即使保险公司能做到,消费者也不会满意,因为现有车险产品不能满足消费者“无责赔付”的需求。无责车主的保险公司要赢得消费者的信赖,最有效措施是对车损进行无责赔付,先赔偿其承保的无责车主,然后根据《保险法》的规定,向有责车主或其保险公司追偿或求偿,从而弥补因赔付无责车主而产生的损失。无责车主的保险公司向有责车主进行追偿的法律依据是我国《保险法》第六十至六十三条关于保险代位权的明确规定。如果有责车主已投保机动车责任险,则无责车主的保险公司可否向有责车主的保险公司求偿呢?2011年2月24日《京华时报》刊文《按责赔付车损险纠偏重在确立投保人权利》做了否定性回答:由于立法上并未明确保险人是否必须接受投保人“代位追偿”的请求,相关程序机制和责任划分更是空白。笔者认为该观点经不住推敲,我国《保险法》就两保险公司间求偿做了明确规定:(1)《保险法》第六十至六十三条关于保险代位权的规定;

(2)第六十五条关于责任保险中第三人法律地位的规定。两者的逻辑关系需要进行法律适用推理:首先,保险代位权只发生在无责车主的保险人与无责车主和有责车主三者之间,不会发生在无责车主的保险公司与有责车主和有责车主的保险公司之间,无责车主的保险公司可以根据保险代位权向有责车主进行追偿。其次,无责车主的保险公司向有责车主的保险公司求偿依据是后者与有责车主间的责任保险合同。无责车主属于责任保险合同中的第三人,因无责车主的法律地位被其保险公司取代,无责车主的保险公司就处于该责任保险合同的第三人法律地位,依据《保险法》第六十五条第二款的规定,可以附条件地对有责车主的保险公司行使直接请求权,如果有责车主没有赔付无责车主的保险公司,则有责车主的保险公司应直接赔付无责车主的保险公司。

仅就推行"代位追偿"而言,保险监管部门采取了行政指导,而非行政强制措施,这符合代位追偿权的性质。"代位追偿",又称为"保险代位权",是指保险人享有的、代位行使被保险人对造成保险标的损害而负有赔偿责任的第三人的求偿权的权利。保险公司的代位追偿,相对于责任人而言,是一种商事权利,保险公司可以放弃,因此,保险监管部门采取行政指导的方式,引导保险公司通过行使代位权来降低经营成本。但是,如果保险公司不能举证证明其车险产品定价时,没有将"按责赔付"确定的相应损失纳入承保范围,则"按责赔付"条款的"霸王条款"定性应无争议,保险监管部门有权力采取行政强制措施,要求保险公司修正"按责赔付"条款,实现车险条款的去"霸王化",从而保障保险消费者正当的利益诉求!

毋庸置疑，保险公司因主动或被动行使保险代位权，将对其经营水平提出更高的要求，其经营成本也随之增加，但保险公司却因此赢得了保险消费者的信赖，提升了市场形象和竞争力，难道还有比这更珍贵的吗？如果公司履行社会责任是一句真理，那么，保险公司主动或被动修正“按责赔付”条款，将意味着向真理又迈进了一步！

偿付能力、上市与融资安排

朱南军

2011-02-09

在沉寂三四年之后，保险公司上市最近又成为热门话题，一些人士甚至乐观预计2011年将成为保险公司上市年。回顾这几年，业界对于保险公司上市融资问题认识有了一些变化和进步。但是，还是需要对保险公司上市融资主要目的、其与偿付能力的关系、上市融资安排等问题做一些探讨。

在探讨保险公司为何要上市融资时，我们有必要先分析一下保险业与制造业上市融资目的差异。保险业与制造业的显著不同就是业务经营与现金流转的一致性。制造企业的业务经营与现金流转可能出现偏离，一家制造企业即使盈利丰厚，也可能因为现金流转发生问题而倒闭。而保险企业作为金融业，即使盈利不佳，中短期也不会发生现金流转问题，如不能支付赔款等。对于上市融资，制造业融资募集的资金一般用于购买设备等资本性支出或者支付货款等营运性支出。然而，保险企业上市融资并非用于支付赔款与给付，因为其并不缺少资金用于资本性支出或者营运性支出。如果保险公司真到了通过上市融资用于购买电脑设备和支付赔款，那它恐怕早已病入膏肓了，这时即使上市融资，也没有投资者认购其股票的。那么保险企业上市融资，等于出让了一部分企业股权，到底要获得什么呢？其主要目的是获得偿付能力充足率。保险企业作为高杠杆企业，绝大部分资金源自负债业务，而负债业务（次级债除外）本身并不能提升偿付能力充足率，只有权益资本、公司盈利与次级债才能提升偿付能力充足率。如果公司业务发展太快，公司盈利不能满足偿付能力缺口，就只能依靠外源性融资了，如股权融资或次级债。如果一家保险公司偿付能力充足，基本上是没有上市融资的动机的，在中国保险业年均成长速度高达30%的情况下，为何要稀释股权，让他人分享投资机会呢？

因此，保险公司上市融资的最主要目的还是为了满足偿付能力监管的要求，这和商业银行上市融资来满足资本充足性监管的要求是一样的道理。这几年来，商业银行上市最为重要的理由就是维持“资本充足率”，相当于保险业的维持“偿付能力充足率”的概念。奇怪的是，很长一段时间里，这一对相同范畴的概念，在银行业作为上市融资的理由，在保险业却成为上市融资的障碍。“资本充足率”、“偿付能力充足率”与金融机构上市之间的关系，在银监会与保监会那里却得到截然不同的理解，并导致不同的政策取向。如2008年《保险公司股权管理办法征求意见稿》规定了保险公司上市融资“应当符合偿付能力满足监管要求”、“应当提交偿付能力说明材料”等条款。这有些匪夷所思。尽管当时只是征求意见稿，但是已经对保险公司产生了影响。自从2007年太平洋保险公司上市以来，接近四年间，再无一家保险公司上市。保险公司多采取私募、定向等非上市融资方式，其融资金额与偿付能力提升效果大打折扣。而在此期间，商业银行、证券公司上市风起云涌，而独有保险公司显得孤寂，与银行证券业形成鲜明对比，这不能说与监管政策取向毫无关系。因为按照2008年《保险公司股权管理办法征求意见稿》的规定，则会导致一个怪圈循环：保险公司偿付能力不充足时，难以达到上市融资的条件；而在偿付能力充足时又不需要上市融资。

在2010年6月10日实施《保险公司股权管理办法》反映了监管部门对该问题认识的重大变化。其与2008年的征求意见稿相比已经没有了“应当符合偿付能力满足监管要求”、“应当提交偿付能力说明材料”等内容。至此，偿付能力不足已经不是保险公司上市的障碍。裸奔直接上市（也就是既不引进新的战略投资者，也不向老股东进行任何上市前的定向增发）已经是可以实现的一种融资安排。

但从最近一些上市热度较高的保险公司实际融资安排来看，却在上市之前又进行一轮私募或是定向增发，例如新华人寿通过定向增发将总资本金从原来的12亿元增至152亿元，其给出的理由是提升保险公司的偿付能力，又让人感到疑惑了。从政府监管方面看，偿付能力不足已经不是保险公司上市的障碍；从市场方面看，投资者也越发专业与成熟，对偿付能力的认识已经比较客观，偿付能力不足已不构成上市定价的负面因素。例如，偿付能力不足的新华人寿，其股权在2010年北京产权交易所的两次拍卖中，分别录得每股42.75元和43.09元的高价，是挂牌价格的3倍多，市盈率在19倍左右。在业务发展迅速、业绩良好的情况下，偿付能力不足反而渗出“少花钱、多办事”的含义。如果新华人寿采取纯粹裸奔方式直接上市融资，则可能有更好的融资效果，更能提升保险公司偿付能力。因为在当前的市场环境下，上市公募比上市前定向增发具有更高的认股价格，更能提升保险公司偿付能力充足率，而这不正是保险公司上市融资的最主要理由与目的吗？也许新华人寿上市前突击增发（以及后续的申请发行次级债）可能是出于特殊历史原因，为了兑现其曾经许给监管部门关于偿付能力方面的限时承诺，从诚信角度，此举是值得赞许的，但从企业财务与偿付能力监管角度，则实无必要。其他拟上市的保险公司如果未采取裸奔方式的上市融资安排，而在上市前突击定向增发，则其动机则变得更加难以揣测了。

此外，符合条件的保险公司采取裸奔方式的上市融资安排，也更能维护证券市场的公平性。新华人寿此次仅针对老股东定向增发，而没有引进所谓的战略投资者，相对比较公平。但如果有老股东无增资能力而将股权拍卖转让，一般普通投资者是没有竞拍资格和能力的，因此这里依然会存在一些公平性问题。进一步讲，如果今后有保险公司在上市前的突击增发中引进新的股东,包括所谓的战略投资者,其公平性则更为堪忧,因为上市前突击增发的投资者与上市公募中的普通股民所享受的认股价格往往有云泥之别。上市前突击增发的价格可能成为证监会与保监会所共同关注的问题,从而成为证券监管与保险监管的交集。只不过证监会关注增发价格在于创造公平的资本市场环境,其目的是保护投资人尤其是中小投资人利益;而保监会关注突击增发价格着眼于偿付能力充足率的提升,其目的是保护投保人或者被保险人利益。

CCISSR

企业经营与市场环境

迎接消费信贷保证保险的“第二次春天”

张越昕

2011-11-16

近日，各地保险业“十二五”蓝图绘就，截至10月底，全国各地保险市场“十二五”规划发布行程过半。笔者阅读了北京、重庆、山东、福建等地保监局发布的《保险业发展“十二五”规划》，其中北京市保监局发布的《北京保险业发展“十二五”规划》专门用“创新提升发展能力”这一章对保险业产品和服务领域拓宽及创新提出了要求，并举出若干在“十二五”期间可能重点发展的险种，发展“住房、汽车等消费信贷保证保险，活跃首都消费市场”。这一目标引起笔者特别的注意。

个人消费信贷保证保险，是通过向个人客户提供保证保险，从而帮助客户从银行获取无抵押小额短期贷款的保险产品，其承保的风险为客户从银行贷款后能否按期还款的不确定性。当发生承保的保险事故时，保险公司负责按相应条款向放款银行理赔。其实，消费信贷保证保险在我国并不是一个很新的险种，但其发展历程并不顺利。20 世纪末住房和汽车消费信贷保证保险市场曾经一度热闹非凡，但从 2002 年下半年开始形势急转直下。赔付率高、逾期贷款数额庞大等问题，严重影响到保险公司的持续经营和健康发展，一些公司被迫全面收缩相关业务。

那么，此次北京保监局在《规划》中提出保险业进行产品创新，并将住房、汽车等消费信贷保证保险与中小企业贷款保证保险、农民小额信贷保证保险等产品特别列出作为发展重点，意在何为？笔者认为这既是根据北京市的具体情况对保险业未来五年发展的具体规划，也是在国家经济发展的宏观背景下做出的审时度势的决定。第一，北京作为国家政治、金融、文化中心，聚集了全国优秀的人才和劳动力，常住人口已经超过一千九百万，对商品和服务的需求也呈现出规模庞大、层次多样的特点。特别是那些因工作调动或毕业留京的劳动者，他们的知识水平和收入预期较高，对住房、汽车、教育等商品及服务的需求尤其强烈。然而，就目前的收入看却还不足以支持他们以即期付款的方式满足自己的需求。当然可以通过储蓄积累推迟消费，但这显然不仅是个人生活质量的损失，而且对于社会来说也是一种过度积累。消费信贷保证保险作为一种帮助消费者及时获取资金的险种，可以为这部分人提供资金支持，帮助他们及时提升其购买能力。第二,在2008年金融危机之后,人们讨论最广泛的话题,莫过于如何将“对外贸易”这架马车稍稍松绑,而让“国内需求”发挥更大的带动作用。保险行业在拉动内需中大有可为。例如寿险产品中,非年金产品可以提高个人风险承受度和边际消费倾向,投保非年金产品就可以引致消费的增长;年金产品可以平滑个人生命期内的可支配收入,从而也可以起到拉动消费内需的作用。消费信贷保证保险则通过帮助消费者更快速便捷地得到短期贷款,用于住房、汽车、家电的消费,支付旅游、房屋装修、个人进修的费用等。以平安在山东推出的“易贷险”为例,该险种要求投保人须在申请地工作或居住时间不少于6个月,拥有稳定的职业,在现职单位工作时间不少于6个月,并且月收入不低于2 000元;信用记录良好,资料齐全;等等。这些条件并不高,因此满足其投保的要求并非难事,众多中等收入甚至偏低收入的消费者都可以投保,从而获得与高收入者同等的融资机会。另外,个人消费信贷保证保险模式下的贷款不需要客户提供任何抵押,而银行贷款往往要求客户提供一定数量资产的担保或抵押;而与银行贷款复杂的申请流程相比,个人信贷保证保险模式下的贷款申请流程简单、快捷。这无疑为中等及偏低收入群体的消费增设了一层保障。

消费信贷保证保险看起来是对扩大内需和促进保险公司业务发展很有益处的一个险种。但从1998年至今,我们看到的却是消费信贷的迅猛发展与消费信贷保证保险滞后萎缩的强烈对比。究其原因,供给和需求两方面都存在明显障碍。

第一,我国信用体系建设起步晚,对保险公司提供产品造成了阻碍。完善的信用体系不仅方便消费者获得个人信贷,也能降低保险公司的成本。而在消费信贷保证保险发展初期，我国还没有个人征信系统，保险公司进行信用审查成本高，风险大。

第二，消费信贷保证保险的发展要求保险公司与银行通力合作，并具备更强的管理能力及产品创新能力。而过去贷款银行放松资信审查，使有保险的消费信贷成为风险高发项目，大大增加了保险人的代偿责任。另外，保险公司如果不能设计出对消费者有吸引力的产品，仅想凭借"小而快"来进行销售显然不行。笔者曾经见过一个真实案例，一个贷款期限为 36 期（三年）的 10 万元贷款方案，使用消费信贷保证保险比直接在银行贷款要多支付 65 000 余元的利息。消费者最终选择了在亲朋之间筹集所需资金。

第三，我国在 1998 年曾经开展过汽车信贷险，虽然当时正值金融危机之后新一轮扩大内需的宏观环境，但各种政策导向本质上仍以投资主导，居民的消费能力并没有明显的提高；而信用消费则被人们等同于"寅吃卯粮"，消费者的认可度不高，需求方乏力也是消费信贷保证保险没有发展起来的重要原因。

笔者认为，"十二五"期间消费信贷保证保险面临很好的机遇。首先，人民银行个人征信系统建设已近 10 年，收录将近 8 亿人的信用记录，供金融机构和个人进行信用查询，已为信用消费奠定了基础；其次，在国家和地区保险业发展规划的推动下，保险公司产品创新和服务创新的动力更强，精算技术的发展、银保合作的经验、过去十余年中信贷保证保险经营的教训等，有望帮助保险公司设计费率更低的产品或者增加其附加价值；最后，"十二五"期间我国将着力从结构调整的角度扩大内需，多管齐下促成潜在需求转变为真实需求，且近年来随着居民生活水平的提高、个人信贷产品的增加及信用卡的逐渐普及，信用消费的观念已被更多人接受，这些变化将从需求角度为消费信贷保证保险的发展提供良好的契机。

消费信贷保证保险是保险业助力内需扩大的有力产品，也是保险公司产品创新、拓展银保业务合作范围的有益尝试。期待这一险种避免上一轮发展中忽热忽冷的局面，借力内需扩大和信用消费发展的“东风”，能在“十二五”期间迎来“第二次春天”。

环境污染强制责任保险试点的“开头难”

刘新立

2011-11-02

近几年,我国明显进入环境突发事件的高发时期。据统计,仅2010年就发生了156起突发环境事件。环境污染事故频发,使环境责任保险越来越受到政府部门的关注。2011年10月20日公布的《国务院关于加强环境保护重点工作的意见》中指出,要改革创新环境保护体制机制,健全环境污染责任保险制度,开展环境污染强制责任保险试点。强制责任保险的规定在任何国家的推出都是十分慎重的,由此可以看出我国政府对环境保护工作的重视。

俗话说，“万事开头难”，环境污染强制责任保险也不例外。虽然已经在一些地区有了几年非强制保险的试点经验，但或多或少都遇到了一些问题，这些问题能否伴随“强制性”的出台迎刃而解？强制责任保险的试点能否在开始时顺利推行？

要回答这个问题，重要的是弄明白，强制责任保险究竟要达到什么目的？

强制责任保险的一个重要作用是弥补民事侵权体系的一种不足，即由于有限财富而使其最优安全激励和最优赔偿目标无法达到。这里，最优的安全激励是指激励企业在成本合理的前提下进行安全投入，最优赔偿是指受害人能够得到合理的经济补偿。我们不妨从这一角度去分析。首先，对于潜在的环境污染方来说，要先有侵权责任体系的约束，严格来讲，有明确的责任才能谈得上责任保险，这个先后的顺序基本是确定的，不能在法律责任体系不完备的情况下，试图通过强制责任保险来完成侵权责任体系的任务。如果责任认定有很大困难，或者说责任不明晰，潜在的污染方将缺乏投保的动力，责任保险的实施也将会举步维艰。其次，即使是有较为完善的侵权责任体系，在责任方财富有限的情况下，其潜在的赔偿数额可能大大低于应赔的损失额，这不仅加重了事故发生后政府代为赔偿的负担，反过来还会降低其应有的安全激励。强制责任保险可以在很大程度上弥补这一不足。但需要特别强调的是，安全激励和赔偿这两个目标是共同存在的，不能顾此失彼。如果只强调赔偿，突出环境污染责任保险能有效分散企业风险，减少环境污染事故对经营活动的影响这一作用，其实并不利于此险种的宣传和推广。忽略了安全激励方面的作用，会导致一系列片面的理解，使得企业投保的积极性不高，尤其是作为一个强制性的险种，需要达到一个基本的共识。试想，即使投保率达到百分之百，所有的赔偿都能由保险公司来买单，先不讨论保险公司是否愿意接受所有这些投保人，如果在安全激励方面没有任何作用，那么我们的环境还是同样被继续污染，即便有赔偿又有何意义？"反正能够有赔款"就真的利于社会的和谐稳定吗？环境污染给受害方造成的影响可能是长期和潜在的，当前的损失评估可能不能完全反映这一影响；如果是健康和生命方面的影响就更不是金钱所能够弥补的。从某种程度来说，我们要的不是赔款，而是一个大家都在共同保护的环境。实际上，保险天然地就具有安全激励的作用，强制责任保险可以通过设定一定的承保条件以及费率调节等手段来"强制性"地提高企业的安全水平以及影响企业的安全投入，保险公司也可以发挥自身风险控制方面的特长，帮助企业做好日常的环境安全管理工作，不定期地对企业进行环境安全培训，组织专业人员进行环境风险排查，监督企业进行整改等，以降低企业环境风险。当然，强制责任保险也并非完美无缺，实践中，责任保险的定价不可能非常精确地反映期望损失，尤其当基于法律基础的环境污染侵权事实尚不充分之时，确定投保企业污染风险的等级并进而确定费率着实困难。而且购买责任保险还可能会产生道德风险问题，这将抵消保险对安全的正面影响。例如，一些企业一旦购买了强制的责任保险，可能就会有更多疏忽的出现，因为一旦发生事故可以由保险公司来支付赔偿款，其行为可能就变得不那么谨慎。这种可能性的存在使得在某些情况下强制责任保险对安全预防措施的激励产生了模棱两可的影响。

明确了强制责任保险的目的，环境污染强制责任保险在实践的开始阶段可能还会面临一些技术上的难题。例如环境污染损失的评估标准和责任认定还亟待发展，保险公司理赔理算依据不足，容易造成纠纷。再如，当前的大部分环境污染责任保险中都只承保突发意外环境污染事故所导致的赔偿责任，而将渐进式污染列为除外责任。且不说渐进式污染是否应该被承保，仅承保突发和意外损失的保单是否承保逐渐式污染这一问题，国外就已有三十余年的论战，曾出现过法庭将潜在的有毒物质的逐渐泄漏等同于直接导致疾病或死亡的突发事件的情况，而这显然是这类保险条款试图避免的情况。在美国，当环境保护方面的成文法颁布之后，众多保险公司也纷纷将渐进式污染列为除外责任，但随后出现了大量法律诉讼，投保人和保险人在一项污染是渐进的还是突然意外的这一问题上有着截然相反的看法。很多法庭要求这些保单在污染即使是逐渐的而且已经持续了很多年的情况下，也要提供保险保障。法庭甚至会支持保单持有人的如下举证，即尽管污染已经持续了很多年，但他们并没有察觉到污染的发生。人们是突然发现污染的发生，而且污染的后果是人们没有意料到的。因此，他们认为，即使免责条款规定不承保突发和意料之外的污染，这样的免责条款也是不适用的。因为这些纠纷，保险公司不仅对环境污染方面的除外责任几易其规，而且还推出了环境破坏责任保单，专门用来承保渐进式污染。这也从另一个侧面反映了环境污染责任保险“家族”的目的仍然是要兼顾安全激励和赔偿。

环境污染强制责任保险的试点，如果能在理念和实践中可能遇到的困难等方面做好较充分的准备，应该能够更顺利地扬帆起航。

快返型保险产品的顾虑为何

谭君强

2011-10-19

日前保监会要求，保险产品中生存保险的部分，保险金首发不得早于保单生效后 3 年，保险期间也不得小于 5 年，若有抵触，保险公司必须于 2012 年完成修改与备案。如此，将有 60 余种相关产品面临停售，也就是俗称的快返型保险产品将陆续退出市场。那快返型产品到底是有什么样的顾虑，造成了必须下架的结果呢？探究其主要原因，还是该类产品严重背离了保险精神，保监会必须得快刀斩乱麻，加以限制。不过，快返型保险也反映我国人身保险销售的老问题，硬是要把保险产品当投资工具来包装，尤其是快返型的分红险，更是对上了口味。保险公司则需要业绩，消费者喜爱立马见到报酬，一个愿打，一个愿挨，那为何当其中的保险产品严重背离保险精神时，保监会就得出面限制？笔者就针对快返型保险，所可能衍生的问题，试做讨论，一探究竟。

第一，容易衍生消费纠纷。生存保险中的现金价值越多，在本金规模大时，越有利于依赖预定利率或账户投资来滚存收益，但是快返型保险，在前几年就开始返还现金价值，将大大地减少可提供收益的本金部分。初期解约金低与初期收益效果不明显，其实都是快返型保险的特点，倘若销售人员以保本与速见回报来做招揽话术，将会造成与消费者期待完全相反的结果，层出不穷的消费纠纷也将不期而遇。再者，市面上的快返型保险在设计上，又多为分红型，且低保障，这种产品型式在销售时，势必会与定存、债券或其他金融产品比较，容易误导消费者，混淆保险的功能性。目前多家寿险公司利用快返型保险作为开门红的冲刺产品，由上述所知，要让消费者确实了解与接受快返型保险，并非易事，销售时若无更严格的把关程序，保监会自然担忧后续问题。

第二，丧失保险教育机会。不论是何种渠道的营销员，都是可以教育消费者，如何利用保险产品来进行风险分散。我国保险事业尚处于发展阶段，一般民众对商业保险一知半解，人均保额严重不足，2010 年统计数据显示不过仅有 5 万元的人均保额，相信这 5 万元对我国大部分的家庭，是起不了关键的作用。消费者也不可能是天生的风险管理大师，更不可能都主动地到学校去学习保险知识，因此全世界的保险营销员都扮演着保险知识重要的传播媒介，帮消费者处理风险与介绍产品。但是贩卖现今的快返型保险，并无法达到这种效果，目前市面上的快返型保险，杠杆式的保障功能极低，仅有储蓄的效果。营销员与消费者的话题，自然只会在报酬率上打转，很难触及风险管理，完全丧失教育功能，消费者也无形中失去接收保险知识的机会。在正处于发展阶段的市场，保险公司太过依赖这种保险功能薄弱的商品，将阻碍消费者学习，局限了市场未来可发展的规模。

第三，未能凸显保险公司的专业价值。人们的风险不会时时刻刻发生，自然容易忽视风险规划，因此需要保险机构发挥其专业性，协助消费者排除过高的风险。其中储蓄型的保险也是帮助消费者消除日后经济上不确定的因素，如退休风险、子女教育基金等，但标榜短期见利的快返型保险，缺乏时间累积的效果，削弱了未来抗风险的能力。迎合消费者口味，本是市场法则，但在保险观念尚在发展中的我国市场，反容易造成市场失灵，损害总福利。保险公司利用压低保险功能，来增加收益率，与其他金融产品拼比，虽然短期可冲刺业绩，但长期将使保险公司定位不明。虽然欧美先进国家的保险公司，除了提供保障外，也标榜着投资绩效或提供短期商品，但那是因为保障型产品市场饱和，当地居民已满足风险规划条件下，所发展出的结果。而我国市场，保险公司仍然应当耐心教育消费者，多多发展保障型产品的市场，不宜只追求短期绩效，舍本逐末，降低了商业保险在社会中的贡献。

在国际上，对于生存保险也多有保险期间的限制，以区分保险产品与其他金融产品的功能，但本次保监会所下发的《关于人身保险公司保险条款和保险费率管理办法若干问题的通知》,还规定了生存保险金的首发年限,这倒是比较少见的做法。然而在我国保险观念与市场尚未成熟前,当保险产品与其他金融产品发生混淆时,对保险产品做出部分限制,使其回归正轨,仍是有一定的道理。不过,监理机关提出此约束,也是有利有弊,一定程度地增加了保险公司冲刺保费收入的难度。目前银行与基金公司发行的理财产品,较为灵活且具有高报酬的想象空间,大量吸取消费者资金,排挤了保险产品的销售。保险公司也希望迎合消费者的口味,利用短期见利以及具有投资收益性质的保险产品来争取市场规模。以经济学的角度来看,即使立意良好,但过度的限制也有可能抑制了保险公司的发展,或是减少消费者的选择机会。因此,限制与不限制经常是监管者头痛的问题,但是笔者也认为原因还是在整个市场不够成熟,消费者与保险公司都急功近利。倘若日后我国消费者对保险意识增强,保险产品销售多元化后,原有的限制仍可逐步开放。

综合来说,快返型保险的低保障与重报酬的特点,导致消费者仅能以储蓄来对抗风险,保险公司未能发挥专业,民众的保险意识也难以成长;其快速返回现金价值的特点,其结果恐与消费者期望相悖,易生消费纠纷,所以保监会对快返型商品进行了限制。但是笔者也希望,监管者、业者与学术界,都能持续不断地努力,提升我国民众的保险意识,才能有效开拓出保障型产品的市场,打破国人仅以储蓄对抗所有风险的迷思,更加灵活地使用保险产品。

保险能否破解中小企业融资难题？

郁智慧

2011-08-17

近日，长安责任保险公司联合嘉兴银行、担保公司联合推出中小企业融资产品“保易贷”。此款产品的运作方式为：先由银行向中小企业提供贷款，担保公司为贷款提供担保，再由保险公司为担保公司提供责任保险。一旦贷款发生风险，首先由担保公司代为偿还，最后由保险公司根据保险责任进行理赔。这款“中小企业贷款担保责任保险”是中小企业贷款保险的衍生，它的问世无疑为处于寒冬中的中小企业带来了一丝曙光。

受银根持续紧缩、要素成本不断上涨、招工日益困难等因素影响，中小企业经营越来越困难，甚至有专家认为今年的状况比2008年金融危机时更艰难，而其中最核心的问题还在于融资难。事实上，融资难一直是困扰中小企业发展的瓶颈。中小企业的融资分为内源性融资和外源性融资。内源性融资指企业利用自身的利润和留存收益等进行融资，由于中小企业大多利润微薄，因此内源融资匮乏；外源性融资即从企业外部获得资金，目前银行贷款是中小企业外源性融资的主要渠道。然而，由于中小企业资产和经营规模小，盈利能力较差，财务不规范，信息不透明，抵押物又严重不足，因此很难获得对信用等级要求严格的银行的贷款。为了解决信用等级低的问题，国家有意发展担保体系为中小企业雪中送炭。但是遗憾的是，多数担保机构资金规模小，担保能力有限，且需贷款企业提供抵押物，部分担保公司甚至存在经营不规范，资信不足等问题，导致其并没有在中小企业融资中发挥应有的作用。近几年，创业板和风险投资基金迅速发展，但是它们只青睐管理较为规范并且具有高盈利能力的中小企业，因此其受众非常有限。内源融资不足，外源融资无门，中小企业融资问题真是一个难解的局，那么保险制度的引进是否能破解此局呢？

中小企业贷款保险（以下简称“贷款保险”）包括贷款信用保险和贷款保证保险两类。贷款信用保险由商业银行购买，以贷款本息或其中部分为保险标的，当借款企业不能按期还本付息时，保险公司负责先行向银行支付本息，并获得向企业追偿债务的权利。贷款保证保险则由贷款企业购买，以对应的抵押物的价值为保险标的，当贷款企业暂时失去还贷能力时，保险公司负责向银行支付款项,并在一定期限内向贷款企业收回垫付资金。

理论上而言,贷款保险可以实现中小企业、银行和保险公司的三方共赢。贷款保险本质上是一种信用担保方式。但是与担保公司不同的是,保险公司的资产规模更大,资本实力更雄厚,因此其介入可以更好地提高中小企业的信用级别,消除银行对其信用资质的疑虑。而贷款保证保险更是可以帮助企业在资金流暂时从紧不能顺利还贷时,免于被银行立即处置抵押物资产,保证中小企业生产经营和银行信贷资金周转不受影响。

对于银行而言,贷款保险不仅可以分担其承担的违约风险,也可以降低其管理成本和交易费用。一方面,保险公司资信水平更高,可以更有效地在贷款企业违约时保障银行的利益;另一方面,保险公司也会对贷款企业的资质进行审查,并给符合条件的企业提供保险服务,因此一定程度上也可以分担银行的审查负担。

对于保险公司而言,开展贷款保险可以在降低总风险的同时提高总收益。贷款保险主要由财产保险公司经营,贷款违约风险与财险公司承担的其他风险几乎没有相关性,因此可以降低公司承担的总风险。另一方面,贷款保险无疑可以拓宽保险公司业务范围,增加营业收入,提高总收益。而且,中小企业为经济发展和社会就业发挥了重要作用,开展贷款保险,改善中小企业外部融资环境也可以更好地体现保险公司社会管理的职能。

令笔者不解的是,既然贷款保险可令贷款企业、银行和保险公司自身三方都获益,为什么保险公司没有大力开发此类产品呢？其实早在2002年太平保险申请的中小企业贷款保证保险就已在中国保监会获得正式备案。然而时隔9年，我们却鲜少听到有关此保险的消息。笔者认为个中原因主要在于贷款保险存在严重的逆向选择和道德风险问题。

购买贷款保险需要支付相应的保费。这对于贷款企业而言是贷款成本的上升，对于贷款银行则是贷款收益的下降。试想如果贷款企业资质很好的话，企业和银行何必花这冤枉钱来购买保险呢？也就是说，只有当贷款企业资质存在瑕疵时，企业才有激励购买保险增加信用，银行也才愿意通过保险转移信用风险，而且贷款企业资质越差，对保险的需求越强烈。此为逆向选择问题。

道德风险问题也同时存在于银行和企业。由于贷款保险可以转移信用风险，银行也就没有激励执行严格的贷前调查和贷时审查，可能造成冒险放贷或者过度放贷，而且放贷后也会放松贷后检查。在贷款保险的庇护下，企业亦没有积极性按时还款，甚至可能故意违约以获得更长时间的资金使用权。

逆向选择和道德风险问题存在的根本原因在于我国信用体系的缺失。笔者认为，只有建立了相对完善的信用体系，保险公司可以鉴别不同资质的企业，企业也积极维护自身信誉，贷款保险的春天才会到来，否则产品即便开发出来也难逃昙花一现的命运。譬如长安保险的这款“保易贷”，它只是将贷款违约风险由银行先转移至担保公司，然后再转移至保险公司，但却没有从根本上解决逆向选择和道德风险问题，因此在笔者看来它的经营恐怕很难持久。

“速度时代”的保险业经营要点

锁凌燕

2011-08-03

2011年7月23日，中国铁路发展史上令人扼腕的一天。发生在甬温线上的动车追尾特大交通事故，使得高铁的安全运行迅速成为国际国内社会关注的头条。我们为逝者哀悼，为伤者祈祷，为遗属祝福，也为遇险者的商业保险保障不足而叹息，更因整个事件中暴露出来的各种风险和问题而警醒。大家开始重新思考和审视我国高铁建设发展进度及未来规划，由此而来的担忧情绪甚嚣尘上。

的确，虽然高铁在我国只有很短的发展历

史，在服务意识、保障水准、安全管理等方面，我们恐怕还有很长的路要走，但中国已经成为世界高速铁路发展最快的国家，毕竟，“全国一座城”的境界仍然为人们向往和钟情。这种向往和钟情提醒我们，不管你意识没意识到，也不管你情愿不情愿，我们所处的这个时代驶离过去的速度越来越快，交通、文化传播、经济等，都已经进入了一个以信息技术为基石的、全新的“速度时代”。

这个新时代具有一些重要的特征：首先当然就是“快”，信息稍纵即逝，宛如坐高铁，窗外的风景“嗖”地一下就过去了，没法看清究竟，没有太多的时间留作分析。如果没有能与之相适应的信息收集与处理制度，没有实时性的创造能力，就难以生存和发展下去。可以说，面对大量扑面而来的实时信息，以前是我“要学什么”，现在则是要学会我“不学什么”；过去要追求深度、专精再考虑广博，现在则要先广博后专深，先获取梗概之后再因需深入。在这样的“速度时代”，保险公司必须有更宏大的时空观，要带着高倍望远镜去观察我们所处的世界，准确把握和理解社会价值取向、宏观环境和宏观政策，才能够把握发展的方向。

其次，因为“快”，变化频发，信息如潮，不确定性数倍增加，面对未来我们似乎失去了耐心，也失去了安全感。很难再找到以前“百年老店”所蕴涵的那种绵延的历史感。像可口可乐这样一个无人不知、无人不晓的产品，如果在中国人的视线中消失一个月，也许从此就失去了它在中国乃至亚洲的市场；一个企业顷刻之间的停顿或滞后，就有可能失去它数十年所积累起来的全部。这就是“速度时代”的残酷现实。如果没有完善的风险管理制度安排，如果没有强大的学习能力，生产和生活的效率会大大降低。保险公司虽然是专业的风险管理者，但其本身的经营也处于高度不确定的环境中，只有做好自身的稳健发展，才能来保障好整个经济社会的稳定。

第三个特征较为隐蔽，但也是更值得关注的——高速度的基础，是复杂的专业化的分工网络。单个人，甚至单个部门的工作已经无法满足高速运行所需要的复杂程度，所以，没有哪一个时代是像今天这样，各种经济活动都需要在错综复杂的、社会性的、高度结构化的网络中进行协调。任务总是被分解成一个个关联的环节，在环节A，资源进行了某种形式的转化，随后又进入环节B发生进一步转化，如此推进，直至形成最终结果。正是有了这种“纵向”的分工，尽管个体能力并不冒尖，但合作起来组成团队却能够快速地完成复杂的大型任务。事实上，目前保险企业中的这种以提高效率为目标的“纵向”分工已经非常普遍，并日益重要起来。例如目前在业内广泛推行的“分散前台+集中后援”的运营模式，就是对企业经营任务重新进行结构性的分解和再造，将各分支机构前台收集到的、分散的资源和信息全部交由后援中心来统筹处理，为公司前台提供全面的、标准化的技术支持，而“前台”则专注负责公司的业务拓展以及其他与客户面对面的服务，进而实现服务的标准化，降低成本，并加强风险控制。在实践中我们已经看到了这种运营模式的成效。

回顾保险业恢复发展的这三十多年历史，可以说，在开始的一段时期内，保险公司的成长高度依赖于保费规模的扩张，各公司主要是通过扩大销售来创造出高额的现金流，用以支持资产的扩张，偿付能力安全是控制扩张速度的唯一考量，保险公司的最佳决策是根据其再融资能力、沿财务安全范围内的最大增速来扩张，也就是逼近我们常说的“极限发展速度”。但是，当保险业的资产总额年增量达到万亿的量级时，保费规模扩张的难度日益加大，“粗放式”发展思路的价值贡献就变得相对有限了，保险企业越来越需要去挖掘生产经营效率所蕴涵的价值。在当下，保险企业是否能够取得成功，更重要的是其经营项目本身的风险收益、管理人的品牌溢价能力，特别是资本使用的效率，与之相对，公司整体的成长性却显得不那么重要了。

“速度时代”的这种发展现实是对保险公司“软”实力的大考。因为，复杂任务的纵向分解是更为高级的分工方式，并不是增加人力或重新安排内部员工岗位就可以实现的，其关键在于各分工单位之间的联系与协调。如果没有定义好各参与者及其在活动中所起的作用，没有处理好各参与者的潜在利益和相应的收益来源与方式，没有建设好各参与者之间的互动机制，企业就可能处于危险的境地；反之，如果能创新性地处理好各方关系，就可以大大提高生产效能。管理和协调各参与者行为的能力成为提升企业价值的关键。

这并不是一件容易的事情。管理者可以设计出一整套有关各参与者交流途径和交流规则的计划，但却往往缺乏协调各种行为所需的细节信息。前一阵子去外地考察，通过国内一家著名的综合性旅行服务网站预订了往返车票和酒店，其预订流程设计得十分合理顺畅，呼叫等待时间非常之短，呼叫中心服务专员的态度也颇佳，但返程车票却迟迟不能送到，每次询问得到的答复都是“正在为您办理”，后来才发现，其整个服务流程分解为很多步骤，每个步骤都由专人负责，客服人员只是通过网络查看订单状态，而订单在进入下一步骤时，无论进展如何，系统都只是显示“处理中”,并不要求下游工作人员及时反馈详情,所以,尽管回程车票并未预订成功,客服人员也只是非常有礼地告诉我,已经有人在处理,只管耐心等待。很显然,要协调这种由“人”,而不是自动化的电脑系统所掌握的信息,必然更为复杂,也更为精细,而精细化将是未来保险企业经营管理中不可逆转的趋势。

外部性与环境责任保险

朱南军

2011-07-13

在一个非常重要的日子，中海油渤海原油泄漏的消息被泄露出来，奉出了一份另类献礼。无论是中海油还是沿岸政府和民众都不希望该事件的发生，但这恰恰说明风险是客观的。现在媒体已经开始关注环境污染损失索赔问题，对于一家年油气收入近1 500亿元，利润总额500多亿元，职工年平均薪酬38.67万元，高管均薪460.5万元的巨无霸企业，公众恐怕不会担心它的赔付能力，这也是中国一些大型国企不愿投保环责险原因之一；但是如果事件中是一般性企业，就未必有这个赔付能力了，毕竟不是每个企业都是中海油或者 BP，这里就要考虑事先投保环境责任保险了（以下简称环责险）；实际上从资金效率考虑，实力雄厚的公司也要考虑投保环责险。

创造美好环境是所有人的共同心愿，但是禁绝所有的污染却是不可能的。以经济学的思维方式，对此需要考虑“外部性”对社会福利水平的影响。当企业从事有污染的生产活动影响到社会公众的福利，但却不必为此付费，就产生负的“外部性”。这时，企业生产的社会成本大于企业成本，高出的部分称为外部成本，也就是由企业以外的其他社会公众承担的成本，例如由于环境污染导致的健康支出、环境治理支出等。由于成本中不包含外部成本，因此供给曲线会向右移动，导致企业实际产量大于社会最适产量，从而对社会福利的损害超过了自己获取的增量利益。对此，经济学上的解决办法是通过制度设计将外部成本转由企业承担，即“外部成本内在化”，其手段主要有以下三种：

一是矫正税，又叫庇古税，在我国则通过排污费的方式体现出来。矫正税理想的征收水平应该等于该企业经营活动引起的外部成本。二是污染许可证，又叫做排放权拍卖。政府制定出总的污染排放水平，而将污染物的排放权公开拍卖，并允许排放权公开交易。因为出价最高的人，生产效率也比较高，在社会总排放水平一定的情况下，社会整体福利水平也最高。最后是环责险，又称为绿色保险，是以被保险人因污染自然环境及其构成要素而依法应承担的赔偿责任作为保险对象的保险。严格地讲，这里外部成本内在化的直接原因并不是环责险，而是环境法律责任。环境法律责任通过环境保险费的方式“内在”地反映在企业成本里。矫正税、污染许可证和环责险三者都秉持了“污染者付费”和“外部成本内在化”的原则，以期实现社会资源的有效配置。但是矫正税和污染许可证收入形成政府收费的一部分，不具备直接赔付受害者（外部成本的实际承担者）的功能；而环责险的直接补偿对象是环境污染的受害者，因而兼顾了效率与公正，在实现社会正义、构建和谐社会方面效果更好。

当然我们必须认识到，环责险不能完全代替矫正税和排放权拍卖。一方面，环责险是建立在较为完善的侵权法律基础之上，环责险处理的赔付须以受害人提起法律形式上的索赔并获得法律支持为前提，然而外部成本承担者可能并不知晓自己是受害者，或者知晓但缺乏相关法律保护而索赔不成功，因此减少了对环责险的需求。但是这反过来说明一个问题，责任法律制度越完善的社会，环责险在外部成本内在化过程中的地位越重要，环责险保费占外部成本的比率就越高。另一方面，环境政策的决策过程并非纯粹是一个经济学思维的过程，选择何种经济调节手段还要做社会、政治甚至民俗习惯等多个方面的考量。但是如果存在选择的可能，则应该是以强制环责险（当然不排斥自愿保险）、拍卖污染许可证、矫正税（征管成本较高）、行政管制（这是一种最无效率且最容易导致权力寻租与滋生腐败的手段）的优选顺序，只有在前面的手段不能选择，或者不能充分发挥作用的情况下再考虑选择后面的手段。

环责险在国外是一种非常普遍的险种，在中国的推进工作却困难重重，相关研讨会开了不少，但似乎对于提高环责险意识收效甚微，试点工作也多不理想。这里原因是多方面的，譬如，侵权赔偿法规体系不完善、保险公司产品不完善等，都可能是其中重要原因,需要进一步加以解决。这里主要澄清地方政府和企业的认识误区。对环责险存在犹疑甚至拒绝态度的主要有两类企业,一种是一些抗风险能力差的企业,企业支付能力弱,认为环责险加重了企业负担,不愿投保环境污染责任险。有些企业甚至声称:如果强制它们购买环责险,将导致企业关门。如果真是这样的话,也恰恰说明该企业具有严重的负的"外部性",因为一旦通过环责险将外部成本内在化,而且只是一部分外部成本内在化,该企业便经营不下去,也就是边际利润为零或负数,这本来就是一类应该淘汰的企业,因为它的生产活动损害了社会的整体福利。

另一种是以石油石化行业为代表的财力雄厚、抗风险能力强的大企业,认为自己"财力雄厚",且设有涉及环保方面的"安全生产保证基金"(简称安保基金),可自行解决污染赔偿问题,因而不愿投保。首先,虽然安保基金的提取也从成本中列支,但涉及污染责任赔偿问题的只是极少部分,大多数都属于对自己遭受自然灾害的财产损失补偿,主要是"内部成本前置化",基本没有发挥"外部成本内在化"的功能。其次,环境保护是一个长期性事业,对于环境保护的各项政策措施,应该从一个长经济周期看待和评估。追溯至十几年前,对走私活动打击稍有不力便导致石化全行业亏损,甚至连职工工资发放都困难,大批职工下岗,谈何建立安保基金?今天石化行业的"财力雄厚"主要拜政策庇护下的"市场势力"之所赐。然而,政府对于国有企业改革与能源政策的方向并非一成不变,石化行业怎能保证在未来长期一定"财力雄厚"并建立和维护"安保基金"的能力?退一步讲,即使今后石化行业真的能够"富过万年"而继续保留"安保基金”制度,从财务上考虑也是低效率的。如果每一家企业自己都独自设立所谓的“安保基金”,该基金应维持在多大规模上呢？为了确保在环境责任事故发生时有足够的赔付能力,该基金必须按照最高可能的赔付责任设立;但是如果参加以大数定律为基础的保险制度,则只需要按照环境责任风险的期望赔付责任缴纳保费。而环境责任风险的期望损失是远远低于环境责任风险的最高可能损失的。因此企业独自设立“安保基金”并按照最高可能赔付责任来储备资金是不经济的,因为有过多的资金(超过保费水平的储备资金)游离在企业生产过程之外而失去效率。

保险团购保险吗？

郁智慧

2011-05-25

2010年5月，笔者在美团网上开启了产品团购之旅，从此一发不可收拾，不仅自己成为团购达人，还将众亲朋好友纷纷拉入团购大军。转眼一年过去了，团购网站的发展可谓令人咋舌。一年内，五花八门的团购网站如雨后春笋般涌现，各大门户网站纷纷开通团购频道，一些实力雄厚的团购网站竞相从一线城市深入二三线城市抢占市场，团购之风席卷大江南北。据中国互联网络信息中心的不完全统计，截止到2011年3月，中国团购网站多达3 600余家，月增长速度接近30%。除了数量上的井喷式增长外，团购的物品种类也是应有尽有，包含了食品饮料、衣服鞋帽、家具电器、餐饮娱乐等。面对热火朝天的团购浪潮，笔者突发奇想，保险是否可以团购呢？

带着这个疑问，笔者通过百度搜索发现，保险团购已然出现，只是数量还不多。目前来看，已有的保险团购产品主要是健康保险、意外伤害保险和汽车保险等金额小、手续简单的品种。保险团购的模式则主要有三类：

（1）保险供应商垂直团购平台，也就是保险公司自身设立团购网站，将公司自身产品通过网络团购的方式进行销售。泰康人寿于今年4月率先推出国内第一个也是迄今唯一的一个此类网站——"聚保团"。但是目前只有特定企业的员工才能享受此团购通道，因此本质上这只是传统团体保险的网络化，与面向一般个人用户的团购还有很大区别。

（2）不属于保险公司的独立保险网站通过已有网络保险平台推出合作企业的保险团购产品。这种模式是传统网络保险销售渠道的进一步深化。由于这类保险网站专业从事网络保险的销售，积累了诸多经验，各项配套服务也比较成熟，因此这种模式下的保险团购让人较为放心。

（3）专业团购网站与保险商家合作推出保险团购产品，也就是目前最为流行和普遍的团购模式，不妨称之为传统的模式。虽然这种模式广为采用，但是笔者对此却心生忧虑。保险本质上是投保人和保险公司之间的合同。它既不像实物产品看得见摸得着，也不像餐饮休闲娱乐等服务产品可以立刻消费感受，保险的价值必须要等到未来出现事故之后方可体现。这样一种特殊的产品,通过传统的团购方式购买真的保险吗?

与其他商品类似,传统模式的保险团购可以实现保险公司、团购网站和投保人的三方共赢。团购网站可以获得佣金,投保人可以获得低廉的保险产品,而保险公司则可以同时实现显性的利润效应和隐性的广告效应。利润效应,顾名思义,指保险公司通过提供低价的产品可以薄利多销,实现总体利润的增加。而广告效应则指保险团购相当于是保险公司在团购网站庞大的用户群中的一次广告宣传。特别是目前的团购用户多为年轻人,因此保险团购可以大大地提高这部分群体对保险的认识和获取。这也是专业团购网站相对于独立保险网站的团购平台最大的优势所在。

虽然看起来传统模式的保险团购似乎皆大欢喜,但是我们却不得不注意到这背后可能隐藏的风险。对保险公司而言,保险团购存在很大的逆向选择问题。保险团购产品多为标准化产品,由于保险公司和投保人之间没有面对面的交流,投保人只要提供简单的信息就可以获得一份保单,因此保险公司很难对不同风险的保户进行识别和分类并进行差别定价。事实上,这也是网络保险普遍存在的问题,而保险团购作为网络保险的延伸则使得问题进一步深化。团购对消费者最大的吸引力在于折扣幅度大,价格低廉,如果保险公司不能对逆向选择风险进行很好的控制,让利的结果不是薄利多销赚利润,而是负利多销越卖越亏。当然,由于传统模式的保险团购具有广告效应,赔一次钱赚个吆喝似乎也不错。但问题是现在的专业团购网站一天都有多个团购产品上线,用户看了产品标题对其不感兴趣的话,根本不会打开链接详细了解,因此保险团购有可能只是空吆喝却无人问津。

对于投保人而言，传统模式保险团购的风险主要源于专业团购网站的信誉风险和保险产品的特殊性。团购网站的信誉风险是参与任何团购都可能面临的风险。用户参与团购当然有价格的驱使，但是对于团购网站的信赖也是很重要的因素。虽然团购网站不是最终产品和服务的提供商，但是用户购买时会理所当然地认为团购网站已经对产品供应商和产品质量进行了审核和把关。但是遗憾的是，目前来看团购网站承担的主要是交易中介的角色，并没有很好地承担产品质量监督的责任。特别是，团购用户的分散性使得消费者集中维权很困难，现阶段对团购网站的有效监管又很不完善，因此团购网站没有动力去审核和监督团购产品的质量。最近不断爆出的团购网站诚信危机充分说明团购有风险，跟团需谨慎。此外，由于保险产品涉及较多较复杂的专业术语和条款，团购网站即便有心提供好的产品，也可能无力筛选出真正价格低廉、保障水平高的险种。面对投保人的疑问，团购网站也没有能力进行专业准确的解答，也许会造成投保人的误解而为日后的保险服务埋下隐患。

鉴于上述诸多风险，笔者认为通过传统模式团购保险产品未必保险，保险团购应主要借助于独立保险网站的团购平台。虽然这一模式也存在网络保险固有的逆向选择问题，但作为专业的第三方网络保险销售方，他们可以消除投保人面临的风险，也可以帮助保险公司一定程度上控制逆向选择问题。不过我们也不应该彻底封杀传统团购模式在保险领域的应用，毕竟其潜在的客户群对保险公司而言是一笔宝贵的资源，只是目前其应用还需要更多的创新以规避前述的诸多风险，比如团购保险优惠券而非具体保险产品也许就是一个可行的方案。

蔬菜价格保险能走多远？

史丽媛

2011-05-06

近日，我国山东、河南、浙江等多个地区出现部分品种蔬菜滞销、价格下跌的情形。为缓解“菜贱伤农”的现象，商务部积极采取了一系列措施。上海市相关部门也采取了多种措施综合应对，特别是进一步探索完善全国首创的蔬菜价格保险机制，制定了“夏淡菜价保险方案”。在“夏淡”绿叶菜成本价格保险方案中，市级财政补贴保费的50%，各区县财政根据实际情况自行确定补贴比例，投保人自缴保费比例不低于10%。相比去年推出的“冬淡”保险，今年的“夏淡”保险有四大变化：第一，保险品种进一步扩大到青菜、鸡毛菜、杭白菜、油麦菜、米苋共5个品种；第二，计划保险面积扩大到12.5万亩；第三，保险时限进一步延长，从“冬淡”保险期的59天延长到“夏淡”保险期的77天；第四，以“零售价”替代之前的“批发价”，以零售跌幅比例来对应成本价跌幅的比例，相关价格数据将来自于上海18家标准化菜市场。

菜贱伤农，顾名思义，就是指蔬菜价格太低，伤害到菜农的利益。蔬菜价格过低的原因，一般认为是由于农业生产主体仍以小农户为主，小农户在获取并分析市场信息方面处于劣势，而政府信息部门与农民之间缺乏有效的沟通，有些公开发布的信息甚至对农户造成误导，因此导致农户决策盲目，在种植品种与种植面积上往往“一哄而上，一哄而下”，农产品产量则永远是“一年涝、一年旱”。同时，由于信息及销售渠道的缺乏，菜农在蔬菜批发商面前缺乏议价能力也加剧了农产品丰收时价格的大幅下跌。此外，有分析指出，农业保险体系不健全也加剧了市场价格的波动。那么，针对蔬菜价格下跌的风险推出的蔬菜价格保险能否担当起保障农民利益，防止或者减轻“菜贱伤农”的重任呢？

媒体对于这次保险业的创新举动纷纷表示了肯定，但是笔者认为，在对蔬菜价格保险寄予厚望之前，有以下几个问题需要明确。第一，蔬菜价格的变化是否符合保险公司的承保条件？事实上，并非所有的风险都可以由保险公司承保。从保险人的角度而言，适合承保的风险应该满足以下要求：风险发生的概率低、损失程度大；损失发生的概率分布可以精确计算；损失可以确定和计量；有大量独立、同分布的保险标的存在。目前，农作物保险的保险责任一般包括洪水、干旱、雹灾、火灾等自然灾害，这类风险符合承保条件。但是蔬菜价格的变化不仅面临自然风险，而且面临着政策风险和市场风险。政策风险受到经济体制变迁过程中众多不确定因素的干扰，具有不可预期性，一般是保险公司无力承保的风险类型；而市场风险由于农作物的生长特性以及可能面临的投机资金的炒作，同样不符合大数法则的要求；少数几个蔬菜品种和有限的投保面积也无法保障保险标的独立、同分布性。从严格意义上来讲，蔬菜价格的变化并不符合承保条件。因此，即便是在农业保险制度比较完善的美国，也只有针对农业生产者收入的收入保险，并没有直接对农作物价格变化进行承保的保险品种。同时，农作物收入保险也是依托相对完善的农产品价格补贴体系的。在美国，当农产品价格低于目标价格时政府就给予差额补贴。同样，在日本如果蔬菜价格下跌，蔬菜安定基金会就向菜农支付差价补助金。价格补贴体系保障了农产品价格的稳定性。第二，承保后如何合理厘定保险费率？保费率的高低将直接影响到菜农购买保险产品的热情和保险公司的盈利。如果定价过高，不仅会加重政府财政负担，也不能保障菜农长期参保；反之，定价过低则直接损害保险公司的利益。作为商业机构，盈利性直接决定着某一种保险产品的经营状况，如果不能合理厘定承保费率，产品创新只能是“叫好不叫座”。据报道，上海市率先推出的“冬淡”市郊青菜生产成本价格保险面积 57 686 亩，出险面积 53 199 亩，出险率 92.22%，共发生赔款 424 万元，亩均赔款近 80 元。但是，这些数据并未揭示保险公司是否实现了盈利，亩均赔款 80 元在多大程度上补偿了农户的损失。第三，以 18 家标准化菜市场的零售价格作为赔付标准是否合理？众所周知，蔬菜从田间到餐桌需要漫长的历程，批发商向菜农收购蔬菜的价格与最终在市场零售的价格相差甚远。不断飙涨的燃油价格和密布的公路收费站导致物流成本居高不下，物价的普遍上涨也推高了各环节的人工成本，再加上各种摊位费、管理费等相关费用，致使蔬菜零售价格与农户面临的收购价格并非同比例变动。近日，尽管菜农因菜价过低而自杀，但城市消费者面临的菜价并没有明显下降就是一个很好的说明。因此，以零售跌幅比例来对应成本价跌幅的比例进行赔付恐怕并不能切实保障菜农的利益。第四，由保险公司提供价格保险的运作模式在资源配置的效率上是否显著优于政府提供价格补贴的模式？一般认为，市场配置资源的效率优于政府。但是，巨大的信息成本所引发的市场失灵，以及政策风险的存在可能导致价格保险机制不如政府直接建立价格补贴体系更为高效。

蔬菜价格保险作为一种有益的探索，在一定程度上减轻了菜农面临的价格变动风险。但是，这一保险产品的长期健康发展有赖于以上问题的进一步明确。

发展责任保险，保障食品安全

张越昕

2011-04-27

发生在 2008 年的三鹿奶制品事件引发了公众对中国食品安全状况的强烈关注。最近一段时间，瘦肉精、染色馒头、毒豆芽等食品安全恶性事件不断爆出，食品安全问题让国人再次感到了更深的忧虑。消费者担心食品安全问题，希望能够通过有效手段维护自身利益。笔者认为，解决食品安全问题需要一种综合的管理体系：政府的监管、法律的制裁是必需的，而更为商业化的风险管理手段——责任保险的引入对于管理食品安全问题也极其重要。

责任保险不仅是一种有效转嫁风险的手段，而且具备很好的社会管理功能，能够较好地平衡各方利益。首先，对于食品生产企业而言，食品安全问题所引起的赔偿责任可能会极大地影响企业的生产经营，而食品责任保险能够弥补企业一旦发生食品安全责任事故而引起的经济损失，维持企业的正常生产经营；对于消费者而言，通过责任保险机制，保险公司介入食品安全责任事故的赔偿、救助和责任处理，能够更及时有效地解决民事赔偿纠纷，给受害人更加迅速合理的经济赔偿，切实保障受害人的经济利益，从而有效保护消费者的合法权益；对于保险行业而言，发展食品责任保险产品，有助于扩大责任保险市场，也可以使保险公司找到新的业务增长点。更为重要的是，保险行业通过责任保险，能够更深入地参与社会风险管理，充分发挥其经济补偿和社会管理功能，从而提高全行业在经济社会中的地位和作用；而对于政府而言，大力发展责任保险，则可以按照市场经济的原则建立风险分担和补偿的机制，不仅能够减轻政府的财政负担，也可以更高效地进行责任事故的管理。

尽管责任保险的存在具有极高的必要性，但不可否认的是，责任保险的发展在我国并不如人意，除了交强险以外，企业、消费者通过责任保险产品转嫁风险、保障自身利益的还较少。这一状况的发生，首先缘于我国法律制度发展的不健全。不同于其他财产险险种，责任风险的高低取决于一国法律对责任的认定程度，因此，责任保险的发展与一国的法律制度发展程度紧密相连。民事侵权法与责任风险最直接相关，这是因为民事侵权法适用于原告由于被告一方的故意、疏忽或者其他行为受到损失而提出索赔要求。民事侵权法系统的建设程度，直接决定了社会对责任风险的认识程度和防范意识。责任保险的发展不可能超越一国民事侵权法律体系建设的程度。同美国或欧洲一些责任保险发展程度较高的国家相比,我国的民事侵权法律体系建设尚不完善,影响了对食品安全责任保险的供给和需求,制约了责任保险的发展。

在供给方面,食品安全责任保险承保的主要是法律风险,并且涉及对食品安全责任风险的评估、承保食品的类别、费率的厘定、诉讼程序的介入等多个环节,对于保险公司的经营管理水平提出了更高的要求。而我国的保险公司在这些方面的经验还不足,一定程度上制约了其产品的供给。

在需求方面,由于我国法律体系不完善,企业违规成本较低,受追查的可能性较小;消费者在个人维权意识方面则相对淡漠,不懂得利用法律武器维护自身权益,或者通过商业手段转移风险。因此,责任保险的有效需求较低。

目前我国的食品安全问题已经非常严峻,在管理食品安全方面,责任保险是否到了该发挥力量的时候呢?笔者认为,着手大力发展责任保险,保障食品安全,已经具备一定可行性。

首先,随着《侵权责任法》于 2009 年 12 月 26 日通过,我国民事责任法律体系的建设进入一个全新的阶段。《侵权责任法》的核心在于保障私权,通过对产品责任、机动车交通事故责任、医疗事故责任等七大类责任进行法律界定和提供法律救济,可以切实保护公民、法人的合法权益,预防并制裁侵权行为,化解社会矛盾,减少民事纠纷,促进社会公平正义。尽管食品安全责任的界定具有特殊性和复杂性,但随着《侵权责任法》的实施以及对食品安全责任认识的深化,食品安全责任的界定会逐渐程序化、规范化，为实施食品安全强制责任保险构筑起必备的法制环境。

其次，保险行业在发展责任保险方面已经积累了一定的经验。根据我国《道路交通安全法》第十七条、《海洋环境保护法》第六十六条、《煤炭法》第四十四条、《建筑法》第四十八条、《内河交通安全管理条例》第六十七条和《旅行社管理条例》第二十一条等的规定，相应行业的主体和车船所有人应当投保责任保险，现实中已经通过强制实施的有交强险和强制旅行社责任险等。此外，一些特殊的职业也在推行强制责任保险的尝试。这些制度的建立和实践经验，为推动食品安全强制责任保险提供了参照，为建构更为合理的食品安全强制责任保险制度提供了必要的借鉴。特别地，去年我国交强险首次实现了全行业的扭亏为盈，其中的经营经验可以为食品安全责任保险提供一定的借鉴。

最后，接连出现的食品安全问题，一方面的确令人痛心，另一方面也极大地激发了消费者管理风险、寻求保障的动力，责任保险的有效需求规模已经被扩大。公众密切关注食品安全问题，有助于更快更深入地推广责任保险；保险作为商业化的、有效率的风险转移手段，将会被越来越多的消费者所接受。

相信责任保险这一具有有效保护受害者利益、分担企业生产经营风险、增强企业社会责任等优点的产品，将在保障食品安全方面发挥不可替代的巨大作用。

从“高保低赔”看中国车险业发展方式之转变

彭晓博

2011-04-20

从“无责免赔”的所谓霸王条款到“高保低赔”的唇枪舌战，近期车险又一次被推到了舆论的风口浪尖。在“高保低赔”论战中大家各执一词，消费者利益保护方认为，投保时以新车购置价确定保费而全损时却以实际价值进行赔偿，对消费者而言有失公平；保险公司则以全损案件只占车辆损失事故比例很小为由，主张车损险定价虽欠精细但基本合理；而学者则主张应对“高保低赔”条款的公平性进行客观辩证的分析。

初看“高保低赔”争议似乎会影响保险行业的声誉和形象，各保险公司或会因此感觉冤屈，但“塞翁失马焉知非福”。该问题进入公众和舆论视野，被大家广泛讨论，一方面说明大众对保险已越来越重视，另一方面，此番争论也不失为普及保险知识、进一步增强大众保险意识的契机。另外，也可激励保险业进一步细化和完善条款及加强风险管控，同时也促使监管者制定更为合理的监管条例和规则。

其实，车损险以新车购置价为基础确定保费而发生全损时以实际价值进行赔偿的问题由来已久，缘何近日才进入公众与媒体视野？其中很大一个原因在于随着人们生活水平的提高，越来越多的人购买了私家车，从而使得车险与世人的关系越来越密切甚至成为生活中的必需品。从全国来看，据统计，2010年我国汽车产销量双双突破1 800万辆，分别达到1 826.47万辆和1 806.19万辆，达到了历史新高并蝉联全球第一。从区域分布来看，据统计，北京每百户家庭私家车拥有量为30辆。可见，我国汽车产业发展十分迅速，汽车尤其是私家车在人们的日常生活中发挥着越来越重要的作用，而与之相配套的车险相应地占据了日益重要的地位。事实是，我国车险业的发展速度确实很快。2010年的车险业保费规模比1997年在总量上增加了1 946亿元，是1997年的约10倍。同时，车险对财险业发展也发挥着至关重要的作用。自1997年至今，车险保费收入始终占到财险总保费收入的50%以上，并有逐年上升的趋势，2010年更是达到了74.6%。

汽车产业的发展和公众对车险的关注在为车险业提供发展机遇的同时，无疑也带来了挑战。当车险进入公众视野而成为生活必需品之时，人们必将给予其更多关注，像车险价格设置的透明度、保单明细度及服务质量等都必将为公众所重视。可是，价格设置透明度和保单明细度低却恰恰是车险业发展过程中一直存在的问题，此次的“高保低赔”争议正是源于此。因此，保险公司应该给予这些方面更多的关注。

另外，与车险业规模迅速扩张相伴的还有低效益问题。考察车险发展历程可知，各家保险公司为了抢占市场不惜竞价销售，加之赔付率较高，导致车险连年亏损，至 2010 年才扭亏为盈，而低效益问题在很大程度上源于车险业的低风险防范能力。

由此可见，车险业存在价格设置透明度不高、保单条款明细度低、风险防范能力低等问题。在信息化时代，这种粗放经营模式的生存空间必将日益缩小。因此，车险业要想进一步扩大规模并提高效益的话，就必须尽快转变经营模式和增长方式。转变经济增长方式是“十二五”期间的主要任务之一，保险业正在积极进行转变发展方式的尝试。车险业应当借助整个保险业发展方式转变的契机，加快转型步伐。

具体而言，车险业可从以下方面着手进行发展方式转变之改革。

一是细化保险条款，完善车险保费定价标准。导致此次“高保低赔”争议的原因之一就在于车损险条款细化程度不足。从全球车险发展情况来看，车险保费计算方式有三种：以保险金额作为保费计算基础，新车购置价便是确定保险金额的一种方式；以车辆类别作为保费计算标准，如用途、排量等；车型定价，现在绝大多数发达国家采用的都是此定价方式。基于我国现有车型较多的现实，未来可以将车型进行整合归类，并依不同类别提供保费制定标准。还可以区分全损和部分损失设置不同的保费缴纳标准，在保险期末进行事后的追溯回调，如全损按照实际价值确定保费且按照实际价值予以赔付，而部分损失则按照新车购置价承保，损失时亦负责更换新的零部件。另外，新旧车的保费计算标准也应有所区别。

二是提高精算技术，强化风险管理。保险公司应当在提高精算水平合理定价的基础上强化风险管理。骗赔现象在车险行业十分突出，保险公司应当提高欺诈识别、应对和处理能力，如建立完善的风险管理机制，加强人员培训，提高勘察人员技术能力等。

三是提高从业标准，优化保险服务。车险行业发展至今呈现出粗放式经营模式，各家保险公司为争抢市场而不惜竞价销售，太重规模而忽视了质量管理。未来在转变发展方式的进程中，保险公司应当将中心转移到服务质量上。随着生活水平的提高，人们不再只看重价格，他们更关注的是产品的品质。因此，提高从业标准，提供优质和高附加值的保险服务，创建具有鲜明特色的服务方式不失为车险竞争的一个方向。

四是完善法律体系，加强保险监管。在保险业发展过程中，监管法规也在不断地建立和发展，但仍存在诸多漏洞亟待完善。要加快转变发展方式，就必须加强和改进监管，准确把握车险业发展的内在规律，采取适当措施，加快形成有利于车险业健康发展并服务于大众的监管制度安排，从而推动车险业乃至整个保险行业发展方式的转变。

总之，车险业应当抓住经济转型和保险业发展方式转变的契机，提高自主创新和发展能力，紧跟时代发展步伐，努力做到服务社会大众。

专属保险销售公司将成主流还是昙花一现?

谭君强

2011-4-13

2010年9月,保监会颁布《关于改革完善保险营销员管理体制的意见》以鼓励保险业者寻求创新与突破,2011年年初便有财产与人寿保险公司陆续成立专属保险销售公司,以求改变现有的营销模式,突破经营困境。其实早在2004年,就有寿险公司进行试点,可惜未达预期成效,最终草草收场。在有前车之鉴之下,各界对于专属保险销售公司的成立褒贬不一。有人认为此模式在国外盛行多年,有可能在国内成为主流销售模式;亦有人认为,保险公司不过是将其原有的销售部门转出而已，换汤不换药，恐将重蹈覆辙。专属保险销售公司的出现，不论是否像业者所表示的那样，可以提升专业化与改善社会对保险营销的负面观感，或是如其他一厢情愿的想法，都有待接受市场的考验。笔者在此谨对其中的利弊与可行性进行较为详尽的讨论，以便能够真正了解此模式的功能何在，是否真能有效改善现今保险销售环境不佳的问题。

首先，对于保险公司而言，销售部门分离成为销售公司后，将拥有自己的财务报表，所有盈亏便一目了然，销售公司的管理层为追求更高的利润留成，除增加销售动机外，也必须改善手中资源的运用效率，以降低成本，因此专属保险销售公司可帮险企解决部分代理人问题。再者，对于销售的激励制度与教育训练也将更加灵活，因为销售公司可统合的资源更多。不过权力越大责任也越大，销售公司管理层不光要对业绩与公司财务负责，公司的品牌形象也是直接面对的课题之一。除了享有提升效率的好处外，在销售机构分离后，也会造成部分成本增加，因为系统独立后，财务、信息、管理等都需要额外的人力与物力来配合。

其次，从消费者方面，严格来说，并不会直接感受到模式的改变。因为这种变化的重点是在于供给方的内部结构，外部还是延续由营销员面对消费者的互动模式。至于营销员是属于保险公司还是专属保险销售公司，并不是消费者所关心的层面，消费者在意的还是产品价值与后续服务是否到位，而后台专业的运作能否发挥功效，乃是各家保险公司的问题。因此，消费者要实质受惠的话，还是必须寄望专属保险销售公司能提升旧有模式的各项效率，尤其是在改善销售人员素质与服务质量方面。

专属保险销售公司在学术上称为专属保险代理公司，此制度在国外已经行之多年，在美国不论财产保险或是人寿保险公司，专属保险销售公司都提供了大量的保费来源。不过中国与美国不同的是，现今中国的专属保险销售公司是由保险公司出资发起，直接受原保险公司控制，而美国则是由不属于保险公司的另一方发起，类似加盟店的形式。虽然目前尚不能断定孰优孰劣，但我国的保险公司与专属保险销售公司挂钩较深，是否能改善以前的营销陋习，或是专属销售公司因管理不善而违约时，保险公司能否公正地进行惩处，这些都还有待检验。日本的财产保险市场中的专属保险店，也可被认定是一种专属保险销售公司的模式，但其中多为兼业代理，而且也是由非属于保险公司的个人或法人发起。至于日本的寿险市场，20 世纪 50 年代至今则是以营销员为主，我国也通过台湾地区引进过其营销技术，因此两国的营销员体系相似，不同的是日本市场较为成熟，其营销员职业素质与待遇安排较优于我国。

2004 年，曾有过某一中资寿险公司在重庆与云南进行专属保险销售公司的试点，在当时也引起了不小的关注，但却以失败告终。根据重庆保监局的报告，主要原因有两点。其一，员工皆来自原销售单位，运作与销售方法未有明显改变，也未能发挥专业形象与效率最大化等优势，导致战略定位模糊，流于形式。其二，为求改善营销员素质与流动率问题，过度强调“员工制”的投入，进而导致成本失控，原有问题也未能有效解决。以上的经验给了我们很好的反思，保险公司与其专属销售公司必须有效的切割，利益与责任分明，才能达到预期的改革目标，否则前面所提到的对保险公司的优势，不过是理论上的结果。再者，将

“员工制”与专属保险销售公司挂钩,若目的仅是希望能提高营销员固定薪酬比例,借此降低流动率,笔者就认为并无此必要了。综观美、日与台湾地区等保险事业发展较为成熟的地方,在个人保险营销上,虽然“代理人制”的营销团队仍是主流,但其营销员与公司间是受到相对应的雇佣关系的保障,因此我国改革重点,应该改善的是保险营销员的归属问题,而非在底薪上打转。在营销员与消费者都未达到成熟阶段时,保险公司应当注重培训方面的投入,以维持队伍的专业与稳定,并非单靠提高固定薪酬来解决问题,这如同要给鱼还是要给鱼竿的问题。不过在退休安排与社会保障部分,笔者认为就必须有与内勤相对等的待遇,不可因为营销员浮动的薪资结构,企业主就可轻视这方面的责任。

消费者需要的是具有高度诚信与专业的保险营销员或风险顾问,保险公司则是追求利润最大化,两者并不相违背,因为金融服务业的收入是建立在良好的品牌之上的。现今部分保险公司建立专属保险销售公司,虽然立意良好,但也必须了解自身与市场的需求在哪,许多的因素都环环相扣,成败的问题不光只是头衔与会计账上的变化。另外,新的监管问题也是有关单位需要注意的层面,目前新成立的专属保险销售公司皆由保险公司出资成立,因此必须杜绝相互包庇与违背善良管理人义务的可能性,不可让专属保险销售公司成为规避责任的防火墙。保险公司应当利用新公司成立的机会,大刀阔斧地改革自己的营销系统,迈向更精致化的经营模式,改变以前那种“数大便是美”的错误观念,摆脱大量增员,却快速脱落,高保费规模,但契约质量差的局面,否则永远无法创造新的经营格局。最后,笔者认为专属保险销售公司的体系建立是一个浩大的工程，需要有人员与制度的改革，不应该轻视它内部的复杂性，更不可以走回短期操作、只看短期利润的老路，否则又将落得昙花一现的下场。

CCISSR 保险投资

客观看待险资 PE

朱南军

2011-08-31

最近中国人寿旗下国寿投资控股有限公司获得保险投资 PE 牌照，这距离兄弟行业——券商的直投业务（2006 年），虽然姗姗来迟整整五年，但对于拥有巨量资金的保险业而言毕竟是一个突破，且来者犹可追。目前保险业界对于 PE 投资的关注，主要在于监管审批与技术操作层面，例如将有多少家公司获得 PE 投资牌照，直接股权投资范围是否进一步扩大，能否投给 FOF，如何协调信息披露冲突、人才瓶颈与项目储备等问题，等等。但这些问题随着时间的推移必将会逐步解决。仅仅是PE牌照获批本身，连同去年开闸的无担保企业债券与不动产投资，已经昭示中国金融生态的逐渐变化。

观乎十几年来，保险业的投资渠道经历了从银行存款、国债、公募基金、股票、无担保企业债券、不动产到现在的PE（未上市公司股权）这样逐步拓宽的过程，这个过程也是保险公司与企业投融资需求逐步直接深入对接的过程。过去，金融业界一直强调"银企关系"，鲜有人提及"保企关系"。开闸PE、无担保企业债、不动产投资之前，保险公司的巨量资金始终需要财政和商业银行这个媒介或是通过证券公司这个中介与企业发生关系。开闸公募基金、股票，险资不再只依赖财政与银行作为投资媒介；开闸PE，险资甚至有望不再依赖证券作为投资中介，中国有良好发展前景的企业，未必一定仰赖于银行和证券实现融资，也许在二者涉足之前，好项目已经被保险公司给PE了。中国保险业为中国企业融资提供了一个新的选择，保险公司与中国企业之间将塑造一种新型"保企关系"，而且这种"保企关系"比"银企关系"与"证企关系"具有更多优势。从企业融资角度，保险公司较之于证券公司具有资金量的优势，能满足超大规模企业与项目的私募融资需求；较之于银行，保险公司可以分别以股东、债权人等多种身份投资于企业，从而利于企业优化自身的资本结构与风险管理。从险企产品与服务角度，保险公司将为企业尤其是大型企业提供风险管理与保险、员工年金与福利、投融资、资产管理等全方位、综合性的金融服务。保险业在三足鼎立金融格局中的地位进一步提升，并引起中国金融生态的逐渐变化。

但是从险企经营角度，保险业界不可对 PE 抱有不切实际的太多期望，这种不切实际的期望至少包括两个方面，即希冀 PE 能够为保险公司带来超高的收益率并优化资产负债匹配管理。第一个问题：PE 能为保险行业带来超高收益率吗？的确，较之于债券等固定收益金融工具，PE 具有较高的期望收益率，这也是保险公司对其产生强烈兴趣的原因之一，但这需要以承担很高的风险性作为代价。PE 也分很多阶段，种子期的 PE，成长期的 PE，上市前的 PE，不同阶段的 PE 投资风险不同，相应的收益率也不同，越往后端，风险越小，收益率也就越低。按照保监会 2010 年《保险资金投资股权暂行办法》（以下简称《办法》）规定，保险资金直接或者间接投资股权指向的企业应当符合下列条件："产业处于成长期、成熟期或者是战略新型产业，或者具有明确的上市意向及较高的并购价值；具有市场、技术、资源、竞争优势和价值提升空间，预期能够产生良好的现金回报，并有确定的分红制度。"这是符合保险公司作为稳健性金融机构的经营要求的。然而从这些表述来看，具备监管要求保险资金 PE 投资的目标应该渡过了高风险期，非常诱人。如果金融市场是有效的，符合上述规定的资产绝对不会太便宜，其价格应该处于相对较高水平，相应导致险资 PE 的投资收益率偏低。可能有人认为，《办法》的上述规定只是定性表述，很难量化评估，实际操作中有很大的柔性空间。即便你在监管的柔性空间中柔韧有余，形式上符合而实质上没有遵守监管层关于投资目标的上述规定，在中国当前的经济环境中，找到许多有很高期望收益率的投资项目是完全可能的，但外部市场机制必然使其以承担高风险作为代价。险资有何理由确保自己有能力在 PE 市场中拿到的全是低风险、高回报的投资项目呢？因此，在当前的对投资目标的监管规定下，对 PE 的投资收益率应该有一个合理预期。

第二个问题：PE 能否优化资产负债的匹配管理？保险业界的一种观点是险资 PE 投资可以更好地进行资产负债匹配管理。在监管层发布的《保险资金投资股权暂行办法》中有这样的规定："保险公司直接投资股权，可以运用资本金或者与投资资产期限相匹配的责任准备金。"从中不难看出，即便是政策制定者，也对 PE 优化保险公司资产负债匹配管理给予了一定的期望。所谓的资产负债匹配包括两个方面，一是久期方面的匹配，二是利率方面的匹配。如果 PE 退出时间（如投资期间分红与上市套现时间）不确定，又怎样实现期限匹配？有些 PE 项目也许存在合同规定的投资期限，但退出价格不确定，也就表明投资的收益率是不确定的，那么 PE 资产又怎样能和负债准备金的利率进行匹配呢？在保险公司资产负债匹配管理问题上，期限匹配与利率匹配是不可分割的，还有的情况是，即使找到了期限匹配的项目，却因为 PE 未来退出时的收益率不确定而导致利率上的错配，从而给保险公司带来巨大利率风险，而利率风险是导致保险公司财务失败最主要的因素之一。由于 PE 在期限与利率这两个方面都存在不确定性，因而不仅不能降低资产负债匹配风险，反而可能导致资产负债的错配而增加风险。因此 PE 对于保险公司资产负债匹配管理意义不大，保险责任准备金并不适合用来进行 PE 投资；从风险控制角度，险资 PE 投资主要还是应该使用自有资本金、寿险投资连结保险产品与非寿险非预定收益投资型保险产品的资金来投资。

保障房投资的收益账该如何算?

李心愉

2011-07-06

自从几位保险业政协委员在2011年年初的“两会”上首次公开请缨为保障房建设“输血”以来,“险资投资保障房”一直是备受各方关注的话题,相关的新闻报道和评论不断见诸各媒体。其中,有两种观点引起了笔者的注意。一种观点在强调保险资金适合参与保障房建设时,甚至将保障房投资的低回报率特点也论证成了符合保险资金对投资回报率要求低的特性;另一种观点则着力渲染保障房投资是表面微利,实则是暗藏较大隐形利润的诱人蛋糕。

笔者以为,这两种观点都有偏颇,未能正确地揭示出保险资金投资保障房的收益。

我们首先来看第一种观点的问题出在哪儿。在投资决策中,一个最基本的原则就是投资的收益率必须高于融资的成本。保险投资所运用的资金来源中最主要的部分是具有负债特性的各项准备金,因此,保单的负债成本是保险投资收益率必须跨越的第一道门槛。保险投资资金来源中的另一部分是权益资金,所占比例不大,但却是核心部分,从资本的逐利本性来看,只有资本金收益率达到一定的水平,才有资本愿意继续从事或加入保险业,因此,必要的权益资本回报率是保险投资收益率必须跨越的第二道门槛。虽然至今官方权威部门尚未公布过国内保险公司的保单整体资金成本和权益资本必要回报率的数据,但据一些市场分析人士估计,其保单整体资金成本约为3.6%—4.16%,至于其权益资本成本无疑要明显地高于这个数据(从沪市A股开盘算起至今,上证综指的年复合收益率是14.2%,何况保险业的贝塔值无疑要大于1)。所以,我们可以说由于保险资金主要来源的负债特性,决定了保险投资必须以稳健为特色,却不能简单地断言保险投资可以满足于较低的投资收益率。假如较低的收益率就足以满足保险资金对投资收益的要求,那么把保险资金存放在银行,岂不是最安全最可靠的投资方式,为什么还要不断地拓展保险资金的投资渠道?为什么还要放开被视为风险较大的不动产投资领域?假如获取较低的收益率原本天经地义,那么保险资金尽可大胆地倾其所有大举进入保障房建设,为什么还要首先在京、沪等中国经济最发达的地区小规模地参与保障房建设以进行试点?为什么虽然有多项计划正在酝酿,但真正完成从发起到募集,再到资金到账的项目目前仅中国太保的"太平洋—上海公共租赁房项目债权投资计划"这一根"独苗"? 显然,保障房投资的某些特征虽然确实符合保险资金的特性,如其长期性、稳定性等,但却绝对不是其较低的收益率,否则保险资金在进入保障房投资领域时不会如此地审慎。

第二种观点的问题显而易见,如果保障房建设确实有诱人的利润,嗅觉灵敏的资本必然会趋之若鹜,根本不会出现资金短缺的局面,政府也不用想方设法地鼓励和引导各类社会资金参与其中。需要引起注意的是,随着各级政府对保障房建设各项优惠政策的逐步出台,对保障房盈利的期望值很有可能上升。这种预期短期看可能会调动社会资金参与保障房建设的积极性,但长远看则不利于保障房建设与运营的长效机制的建立,因为奔着高利润而去的资本一旦达不到预期,就会出现资金撤离的大幅度波动,从而导致项目建设和运营的不稳定。未来中国房地产行业将由原来的商品房单轨制转变为商品房和保障房双轨制,既然称为保障房就必然带有一定的公益性质,不可能也不应该提供给投资者高额的利润,这一点在任何时候都是不会改变的,对保险资金也不例外。

既然保险投资需要获得尽可能高的投资回报率,而保障房投资又不可能提供丰厚的回报,那么保险资金投资保障房的收益账又该如何算呢? 在这个问题上,我们要算两笔收益账,一是社会收益,二是保险公司的经济收益。

从我国当前的形势和未来发展的趋势看,保障房建设已不仅仅是重大的民生工程,而且还是重大的发展工程,不仅有利于保障和改善民生,增加住房有效供给,抑制房价过快上涨,而且有利于扩大内需，带动相关产业发展，同时还有助于加强和改善宏观调控，促进经济增长方式的转变。参与这样一个伟大的事业，为解决制约这样一个伟大事业的资金瓶颈而发挥保险资金的重要作用，无疑将产生重大的社会效益。尽管这种社会效益很难准确地量化为保险公司的实际收益，但却是不容置疑和巨大的。

优先考虑社会收益并不等于不需要考虑经济收益。毕竟，保险公司承担着对股东和投保人应负的义务和责任，必须通过自身的稳健经营和发展，来为股东和投保人创造价值，来保障整个经济和社会的稳定。那么，保险资金又该如何在保障房投资的低收益率中获取必要的经济收益呢？我认为，保险资金投资保障房的经济收益主要体现在以下两个方面：

一是在保险投资组合中合理地配置保障房投资，通过优化保险资产与负债的久期匹配，来实现和提高投资组合长期稳定的回报率。众所周知，目前我国保险资产管理所面临的最大的挑战就是资产负债匹配难的问题。以寿险为例，寿险负债的久期大约为10—12年，而我国金融市场上主要的投资品的期限多为5—10年期以下，基准债券的久期只有5年左右。由于保障房投资具有投资期限长、担保可靠、长期收益虽然较低但稳定的特点，从而能够给优化保险资产负债匹配提供较大的空间。这也是银行和保险公司在对保障房建设的态度上存在着很大差异的主要原因之一，银行的负债是长期少，短期多，而保障房贷款期限长，资产负债错配的风险较大，从而使得银行对保障房信贷有所顾虑。

二是通过加强风险控制来保证收益的稳定。虽然总体而言，保障房建设具有地方政府负责、指定土地划拨、规定利润空间等强制性要求，使得其预期盈利不高却较为可靠，但是具体到每一个项目，由于其融资主体和类型不同，其盈利水平和风险仍然有着较大的差别。例如，从参建企业的盈利模式看，受定价机制和销售模式的影响，各类保障房带给开发商的利润不同，保险资金可以分到的利润也就不同；从资金回流速度看，相对风险小而利润大的是限价房，其次是经济适用房；此外，不同区域的经济发展水平、不同地方政府的政策支持力度以及不同的开发阶段等都会影响到项目的投资回报和风险。因此，保险资金在投资保障房建设时，需要针对具体项目的具体特征，通过合理地安排投资规模和计划，谨慎地选择适当的投资模式，来保证投资回报的安全稳定，从而获得最佳的经济收益。

网球“单飞”管理模式对我国海外投资保险制度构建的启示

郝君富

2011-06-08

上周，令国人最为兴奋的事件莫过于中国网球“金花”李娜在法网决赛舞台上再次书写了中国网球的历史，首次捧得大满贯奖杯。这场酣畅淋漓的胜利是李娜个人职业生涯中的一次重大飞越，也是中国网球运动“单飞”管理模式实践的一次重大胜利。所谓“单飞”，是指运动员不再由国家队统一管理，自己聘请教练，自己决定训练比赛的方式和日程，“自己养活自己”。作为一种崭新的体育管理模式，与传统的“举国体制”相比，“单飞”模式让优秀运动员拥有了更大的自主选择空间，能最大限度地调动运动员参加训练和比赛的积极性，有利于迅速提升运动员的体育竞技水平。正是2008年之后中国网球运动管理中心的果敢决策让李娜及其他几位具备了足够实力的“金花”“单飞”，才使她们在职业网坛更上一层楼，终于实现了大满贯赛事的突破性胜利。

在笔者看来，中国网球运动“单飞”管理模式的特点可总结为“着眼未来、大胆创新、特事特办、激发活力、各方共赢”，其核心和精髓就是“创新性、特殊性、共赢性”。虽然保险行业和体育行业的经营管理具有较大的差异性，但中国保险行业也完全可以借鉴中国体育行业管理中的“单飞”模式带给我们的启发式思维。笔者希望可以借鉴中国网球“单飞”管理模式的核心和精髓用以分析我国海外投资保险制度的构建。笔者认为我国海外投资保险制度的推出，将对我国海外投资的发展具有“创新性”的意义，海外投资保险制度的构建应注重向海外投资主体提供有别于一般商业保险的“特殊性”保障服务，应有助于实现海外投资主体的微观经济利益与国家发展宏观战略利益的“共赢性”。

首先，分析海外投资保险制度推出的“创新性”意义。当前，中国企业正大量走出国门进行海外投资，在目前复杂的国际环境中，中国企业所面临的外在投资环境正在不断发生变化，企业所面临的包括政治风险在内的各种海外投资风险也在急剧增加。但与中国企业大规模的海外投资、海外并购步伐不相称的是，中国企业进行海外投资应有的风险防范和损失补偿机制存在严重缺位。当前，虽然中国出口信用保险公司作为我国唯一承办政策性出口信用保险业务的金融机构，可向我国海外投资企业提供包括汇兑限制、征收、战争及政治暴乱、政府违约风险在内的海外投资保险，但中国出口信用保险公司并不是专门的海外投资保险机构，其承保的业务除包括上述风险，还包括一般性的商业风险，而且目前公司所承保的海外投资保险金额占我国企业海外投资总额的比例过低，无法满足我国企业进行海外投资风险管理的基本需要。

具有良好发展前景的中国海外投资企业与那些有前途的中国体育运动员一样，在海外投资的过程中也需要一种创新性的制度保障，以增强其在国际舞台上与其他国家企业平等竞争的实力。因而，当前，海外投资保险制度在美日等发达国家已普遍建立的情况下，我国急需借鉴网球“单飞”管理模式带给我们的创新性思维，在我国现有保险产品和服务体系的基础上着眼于未来，创新性地积极构建海外投资保险制度，为我国广大企业提供海外投资的政治风险保障服务，激励我国的优质企业大胆自信地“走出去”，积极参与国际舞台的竞争。

其次，中国网球运动的“单飞”管理模式作为面向具备足够实力的优秀运动员的管理政策，以特事特办的个性化政策带动了中国网球业的发展进步，这一点值得中国保险业在海外投资保险制度的构建中进行借鉴。我国海外投资保险制度的构建应注重向我国优秀的海外投资企业提供有别于一般性商业保险的差异化保障服务，其“特殊性”应体现在：海外投资保险作为一项政策性保险，承保机构应由不以营利为目的的政府机构或公营公司承保；承保的范围应限于企业海外投资过程中可能面临的征用险、外汇险、战争险等政治风险，而不包括一般商业风险；考虑到海外投资风险可能给投资企业及投资者本国利益带来的重大损失，与一般商业保险相比，海外投资保险承保的任务应更重视优先体现对风险防患于未然，而非提供风险损失的事后补偿。同时，在海外投资保险制度的具体设计上，还应根据我国企业海外投资国家、地区的不同，所投资行业、产业的不同，企业所面临的具体政治风险的不同有针对性地提供一系列特殊性、差异化的海外投资保险产品和服务。

最后，借鉴中国网球“单飞”管理模式创新所取得的运动员个人与国家体育事业发展的双赢结果，我国海外投资保险制度的构建也应追求实现海外投资主体的微观经济利益与宏观国家发展利益的“共赢性”目标。一方面，通过建立健全海外投资保险制度，向海外投资企业提供较为充分的政治风险转移和损失补偿机制，解决我国企业进行海外投资的后顾之忧，助推企业实现海外投资的微观经济利益，同时在海外投资保险制度的设计方面必须考虑国家利益，如对于保险对象，即合格投资标准的选取上，所承保的海外投资应必须符合本国利益，以对本国经济有利为基本依据。

总之，为促进我国海外投资的发展，在大胆创新和敢于实践的基础上，借鉴体育行业“单飞”管理模式的成功经验，适时推出海外投资保险制度，并充分结合我国企业海外投资特点，开发出符合我国企业海外投资需求的独特海外投资保险产品和服务，保障海外投资实现企业利益与国家利益的双赢，应成为我国海外投资保险制度构建的基本思路。

理性看待保险资金投资“保障房”

李心愉

2011-03-23

2011年“两会”顺利闭幕了。在多家主流网站对“两会”期间民众最关注的热点话题的评选中,“如何加大保障房建设”名列前茅。而要实现中央制定的保障房建设的宏伟目标,当务之急是“如何筹集巨额的建设资金”。这也成为了多位保险业界全国政协委员们“两会”提案的关键词,积极地请缨“输血”保障住房建设。更有用实际行动说话者,3月9日,太保集团即正式对外发布消息,由其旗下太平洋资产管理公司发起设立的“太平洋—上海公共租赁房项目债权投资计划”已通过保监会的备案。这是国内首单保险资金投资保障房的债权投资计划。监管部门则明确表态，保险资金参与保障房建设没有法律障碍，同意在上海试点保险资金投资保障性住房，具体的细则正在加紧研究制定之中。由于具体细则尚未出台，保险资金想要大规模地参与保障房建设还有待时日，但此举已被视为允许保险资金投资保障房的积极信号，业内热情持续升温，备战保障房投资的暗潮涌动。

利用保险资金支持保障性住房建设，是保险业作为“经济助推器”和“社会稳定器”，为广大民众谋福利的义不容辞的社会责任，利国惠民，不仅其热情可嘉，值得尝试，而且从参与保障房建设可以进一步拓宽保险资金运用的渠道，扩大保险资产负债配置的空间的角度看，同时也有利于保险业自身的发展，更应该积极地探索。但是，舆论和业界持续升温的热情，以及加快的试点步伐却引起了笔者的反思。

其一，保险资金投资保障性住房有没有政策性风险？

保险资金可以进入保障性住房投资领域的一个主要理由是，保障房建设由地方政府牵头负责，具有政策性保障，投资的安全性很高，符合保险资金运用的安全性原则。表面上看这似乎颇有道理，但仔细想来，恐怕现实并非如此理想。保障性住房建设是我国房地产市场和住房制度改革中的重大结构性调整措施，目前仍处于摸着石头过河的探索阶段，相关的法规和制度还没有建立，具体的政策也仍在讨论酝酿之中，由于各地区经济社会发展情况差异很大，最终出台的政策难免千差万别。例如，保障房的土地供应究竟是采用无偿划拨还是有偿供给？项目完成后是由市场运作还是由政府回购？用什么制度来保障政策性承诺的严肃性和执行力？从迄今为止保障房建设初步运行的状况看，一直是“口惠而实不至”，这与地方政府的消极应付密不可分。如今在中央的严令之下，各地政府虽然都已签订了军令状，但地方政府的难处并没有解决，问题的根源还在。或许正是出于对这些问题的存疑，长期以来在地方建设融资中担负重任、积累了较多经验的银行信贷资金对保障房建设贷款表示出的态度并不积极，坦言不会大规模“不计成本，无视风险”地支持。显然，在保障房建设的机制尚未明确之前，保险资金投资保障房与信贷资金等其他资金同样难以避免政策性风险。

其二，保险资金投资保障性住房的收益是否有保障？

保险资金可以进入保障性住房投资领域的另一个主要理由是，保障房投资收益稳定，有助于提高保险资金的长期投资收益，从而有利于保险行业的长期稳定发展。我认为这个观点同样值得进一步商榷。保障性住房投资的整体收益率到底能够达到什么水平，目前尚未见到官方公布的数字，一些散见于媒体的报道由于各自的口径不同也难以作为参考。我们不妨以有资可查的一贯以稳健投资著称的全国社会保障基金作为参考。据多家媒体报道，2011 年 2 月底全国社会保障基金向南京市保障房公司发放了首笔保障性住房信托贷款。这笔贷款的金额为 30 亿元，期限为 2 年 11 个月，利率为 6.05%，其中社保利率为 5.45%，按季度浮动，信托费用率 0.18%，担保费率 0.42%。这笔信托贷款 5.45% 的社保利率仅略高于 5 年期存款基准利率 5%，那么它又是否高于社保基金的长期投资收益率呢？据社保基金 2009 年度报告显示，截至 2009 年年末，该基金自成立以来的年均投资收益率为 9.75%，远远高于保障房信托贷款 5.45%

的利率。而且为了能够确保这笔信托贷款的保本付息,保证这5.45%的收益能够安全落袋,该笔贷款所支持的保障房建设采取了以公司的形式、在一个区域建设中嵌入保障房建设规划,使保障房建设和区域发展、区域规划、交通、商业、教育、服务等一系列建设相配套的模式。据地产专业人士分析,保障房项目必须捆绑商业住房和土地开发,以商业住房和土地开发等收益弥补保障房建设投资损失,否则根本无法还本付息。另外,从该信托贷款期限不到3年(公租房、廉租房的投资周期一般长达数十年)、选择经济发达的南京地区和资金实力雄厚的江苏省国际信托有限公司发行,要求资质良好的民生银行提供连带担保的这些特点中也足见社保基金对此笔贷款风险的慎重考虑和防范。

在允许保险资金参与的不动产投资中,基础设施投资具有与保障房投资相同的某些特性,如都具有公益性等。但它们之间最大的区别在于,基础设施投资的前景和盈利模式明确,收益率不高却有保证,加之基础设施价值的波动性,以及其价值与其他资产价值的相关性较低,因此,通过将其与其他资产进行合理的配置组合,就有可能在控制风险的前提下提高保险资金的长期投资收益。而我国目前的保障房建设刚刚起步,仍面临着盈利模式的严峻挑战,收益难测。

保障房建设是通往"居者有其屋"之路的重中之重,关系国计民生。保险资金参与保障房建设无论是从为民服务、为国分忧的高度看,还是从拓展保险投资渠道,提高保险资金配置空间的角度看,都是一件值得积极探索的好事。然而,面对大幕开启的保障房"井喷时代"来临之际,更需要的是理性的思考、冷静的分析、积极但谨慎的前行,在社会效益和经济效益之间取得平衡。因为,保险资金即便是以承担社会责任的方式公益性地参与保障房建设,也不能不考虑投资的风险和回报,不能不考虑对股东和投保人应承担的义务和责任。毕竟,以自身的稳健来保障整个经济和社会的稳健才是保险业最根本的社会责任。

走出另类投资的误区

李心愉

2011-01-19

2009年12月22日，财政部印发了《保险合同相关会计处理规定》(财会[2009]15号，以下简称《规定》)，主要规范了保险混合合同分拆、重大保险风险测试和保险合同准备金计量三个方面的内容，要求保险公司自编制2009年年度财务报告开始实施。这意味着保险公司财务报告将完整实施新会计准则，也将开启我国保险会计与国际会计全面接轨的新时代。总体来看，《规定》将从两个方面对保险公司财务报表造成直接影响，其一是保费计量，其二是准备金评估。

首先《规定》对保险经营收入的计量方式进行了调整。自2006年新企业会计准则颁布以来，保费收入的确认问题一直备受关注，其焦点就在于是否应对保险合同之中所包含的保险风险与其他风险假以区分、如何区分。此番所颁布的《规定》通过第一部分保险混合合同分拆、第二部分重大保险风险测试，对该问题给予了明确的解答——对能够将保险风险与其他风险进行分拆的合同要进行分拆，仅将保险风险部分确定为保险合同；不能分拆的合同则使用重大保险风险测试，将有重大附加利益支付可能的合同划为保险合同。

应该说，《规定》对保险经营收入的计量方式的调整并没有出乎市场预测，也不会对保险公司的最终利润造成显著影响；另就执行层面而言，《规定》对保险合同的分拆方法没有太大难度。中国人寿、平安、人保以及太保在香港上市后每年均需准备H股财报，对于保费分拆以及分拆方法已相当熟悉。2008年《企业会计准则解释第2号》颁布后，财政部、保监会与证监会并没有在当年要求保险公司实施风险保费的分离计量，主要是为了避免对行业造成负面的冲击；而在一年多后的2009年年末，保险行业对保费分拆的消息已经进行了消化，即使是其他非上市保险公司亦已做了较为充足的准备，因而推出保费分拆规定已基本无后顾之忧。

如果说对保费收入确认方法的明确主要是为了与国际会计准则的进一步接轨、解决A+H股年报会计准则的执行差异，那么对于保险合同准备金计量的进一步规范则是充分借鉴了国际保险业会计准则的最新研究成果，并立足我国国情而做出的开创之举,因而尤为值得关注。《规定》之中对准备金评估的相关规定,实质是要求保险公司按照公允价值进行准备金计量,具体表现为:准备金评估利率将以市场利率而非偿付能力监管利率为依据,同时所有用以平滑利润的各类准备金将被取消。

在保险公司准备金负债的评估之中引入公允价值计量属性,优点在于能够更加适时、客观地对公司的保险负债予以反映,能够提高会计信息的相关性,从而可以更好地充当保险公司的风险管理及经营决策依据,同时也更能满足监管机构及利益相关方获取相关性信息的要求。金融危机之时,公允价值计量属性曾一度成为众矢之的而饱受诟病,但由于其在相关性方面优势独具,因而在历经多方质疑、诘难之后,时至今日,采用市场一致性方法、以公允价值来评估保险负债的理念又再度为国际会计界及保险界所认同,并将渐成大势之所趋。在此背景之下,《规定》在公允价值框架之下重构保险准备金负债的评估方法可谓是适时之策、顺势之举。

除却在相关性方面的优势,采取"盯市"的方法、依据市场利率评估准备金负债对于增强我国保险会计信息的一致性而言意义独具。首先,该方法统一了保险资产与负债的计量属性,克服了之前对资产和负债采用不同价值评估方法所造成的会计错配问题。2007 年保险业开始实施新《企业会计准则》后,保险公司的金融资产以公允价值计量,而同期准备金的评估仍以保监会规定的精算方法为依据,由此使得资产和负债的计量属性不一致,造成了会计错配问题,其最为直接的后果就是增加了保险公司进行资产负债管理的难度。其次,该方法以市场为依据,对于风险相同的保险责任采用统一的市场利率评估准备金,纠正了之前以监管方法为依据，因为定价利率不同而采用不同的准备金评估利率所造成的内在逻辑错误。

值得一提的是，尽管以公允价值来评估保险负债已是大势所趋，但对保险负债，特别是寿险负债公允价值的计量方法目前并未形成一致结论。这一方面可归因于公允价值计量体系本身的发展、完善仍需假以时日，另一方面也是因为保险负债作为一类缺乏有效交易市场，且具有非系统性风险的金融工具，其公允价值的评估相较于一般金融工具而言更为困难。当前，国际会计准则理事会（IASB）针对保险准备金计量而开展的保险会计准则第二阶段工作仍在进行之中，因而《规定》对保险准备金计量方法的明确界定具有相当的创新性，同时也不可避免地带有一定的风险性，其具体操作细则，如市场利率、风险边际的确定方法等，仍有待于进一步的规范和指引。

好在《规定》之中亦要求保险公司就保费和准备金计算方法、所用假设、假设与实际符合程度以及敏感性分析等对结果产生重大影响的隐性信息进行详细披露。此举不仅关系到保险公司财务数据的透明性，亦可对保险公司操控利润的空间加以限制，但其可行性和有效性仍有待于检验。

毋庸置疑，《规定》的颁布应被视为我国保险会计与国际会计接轨的一个里程碑，然而却并非“终点”。除却上述有关准备金评估的具体操作细则仍有待完善、信息披露效果仍有待检验之外，A + H 股上市保险公司年报合一的问题亦未得以完全解决。之前我国保险公司适用的企业会计准则与国际会计准则的差异主要体现在：保费计量、保费获得的费用是否进行递延处理、递延所得税，以及准备金评估几个方面。这次的《规定》主要规范了保费计量与准备金评估两个方面，对于递延费用与递延税收的会计差别仍未加处理，A + H 股上市保险公司欲实现“同一个世界，同一张财务报表”的愿望还要再等新的办法出台了。

CCISSR

养老与保险

开展“以房养老”，奏出“夕阳”的柔美乐章

彭晓博

2011-11-09

时常看到一幅温馨的画面：一对头发花白的老人，安详地坐在摇椅上，夕阳将他们的背影拉长，从容，淡定，仿佛能够使人触到生命积淀的深度，感受到时光流逝背后的优雅和宁静。相信这是普天下儿女都希望看到的幸福场景，工作的疲惫、奔波的辛劳、未来的迷茫，这所有的一切都会被父母的安详幸福生活所冲淡。

但是，现实毕竟不如理想般美好，在我国还有很多老人因为种种原因无法安度晚年，也还有很多未老者面临不确定的养老压力。根据第

六次全国人口普查统计，我国大陆31个省、自治区、直辖市和现役军人的人口中，60岁及以上人口占比为13.26%，65岁及以上人口占比达8.87%。按照国际老龄化标准(60岁及以上人口占总人口数达到10%，或者65岁及以上老年人占比达到7%)，我国已步入老龄化社会行列，并且老龄化呈现不断加剧趋势，“未富先老”成为社会隐忧，养老压力日益增大。

如何完善养老机制，做到人人“老有所养”成为一个值得深思的议题。近日，“以房养老”被提上议程，在养老压力不断增加，社会急剧变革的时代，这或是一种可以考虑的养老方式。以房养老，也被称为住房反向抵押贷款，起源于荷兰，发展成熟于美国，拥有房产的老人将自己的房屋产权抵押给相应的保险公司或金融机构，通过保险公司或金融机构对房屋的价值、未来的增值及折损情况进行综合评估，根据评估值和老人的平均寿命进行计算之后，按月或按年支付现金给投保的老人，这种固定的按期付款一直延续到老人去世，而老人在享用这笔收入的同时，仍然免费享有居住权。保险公司或相应的金融机构在老人辞世之后，可获得房屋的产权，将房屋出租或者销售甚至拍卖。目前，美国、加拿大、英国和新加坡等十几个国家都实行了以房养老计划，香港也计划在今年中通过隶属于港府的香港按揭证券有限公司推出“逆按揭”的养老按揭试验计划，作为应对人口老龄化的一种措施。北京市在日前发布的“十二五”时期老龄事业发展规划中也提出“以房养老”的概念，鼓励商业保险企业、商业银行或住房公积金管理部门开展“以房养老”试点业务。

虽然我国现在已经有了一些比较正式的养老保障制度，但还存在很多问题。我国现有养老保障制度包括城镇职工基本养老保险，国家公务员、机关事业单位退休制度，城镇居民基本养老保险，新型农村养老保险，以及企业年金、社会救助等，基本覆盖了各类群体，随着覆盖群体的扩大，人人“老有所养”的愿景也日益清晰。但空账运行、人口老龄化、制度衔接、基金可持续性问题依然不容乐观，加上传统的家庭养老方式不断弱化和商业养老保险购买力制约问题，综合来看，我国养老压力仍然很大，养老风险在未来很长一段时间将会持续存在。在为社会贡献了生命的大半时光后，白发苍苍之时却无法安享晚年生活，那将会是何等的凄凉和无奈。因此，在国家、社会和家庭养老保险压力日益增加的形势下，“以房养老”不啻为一种新型的养老选择。

但是，培育和发展一个市场并非易事。可以说，以房养老市场的发展需要供给方、需求方联动，并且需要政府的支持和引导。没有完善的法律制度保障，就无法为市场发展提供良好的环境；没有供给方提供优质产品就无法满足需求方的多样化取向；同时，一定规模的需求者数量也是发展以房养老所必需的条件。

在我国，抛开供给方缺少和法律制度环境不完善不说，仅需求方的规模就给市场的培育和发展带来了很大限制。从需求者角度来看，按照生命周期假说，个体会合理配置各期消费以实现一生效用最大化，其前提是消费者理性。但是，现实中的消费者往往没有那么理性，他们可能并不能理性配置资源以实现一生效用最大化。在中国，有限理性、金融产品知识匮乏、传统养老思想、收入限制、住房市场制约等现实国情，使以房养老市场需求方数量的扩大举步维艰，市场的建立和发展面临很大制约。

例如,上海市从2006年起进行了“以房养老”工作试点,次年市公积金管理中心曾试推过“以房养老”模式,但因真正符合条件的申请人很少,最终不得不停办该业务。按照已有研究,从需求方来看,实现“以房养老”需要三个条件:一是拥有房子的产权,以保证老年人获得出租或抵押房屋的权利;二是老年人与子女分开居住,房屋的出租或者抵押不影响家庭正常生活;三是老年人的经济状况适中,若经济条件很好,则无“以房养老”的必要,而经济条件过低就不具备“以房养老”的条件。综合这三个条件来看,中国“以房养老”市场中需求方的培育还面临较大挑战。

综合上述情况来看,要培育和壮大“以房养老”市场的需求方,需要做到以下三点:一是提高消费者的认知水平。采取适当方式宣传“以房养老”,提高公众认知度,例如,可以在小范围内开展试点工作,若效果好,则会以口碑相传的方式获得更大范围的受众。二是适时推出遗产税,增强“以房养老”保障的吸引力。遗产是代际财富分配的重要方式,在中国,很多老人都会选择将房屋作为遗产留给子女。遗产税使人们在将房产作为遗产留给后代和“以房养老”两个选择中进行权衡。有相关调查结果表明,当某市遗产税率达到20%时,选择以房养老的老年人比例会大幅提高。三是作为一种比较新颖的养老方式,“以房养老”需要金融机构摒弃嫌贫爱富观点,多给予收入相对没那么高的人群以更多关注和政策倾斜,为他们实现“以房养老”提供顺畅渠道。

养老服务体系建设的国情基础

刘新立

2011-09-21

近日来，随着《中国老龄事业发展“十二五”规划》的通过以及全国人大常委会执法检查组对老年人权益保障法的执法检查报告的完成，加快发展以居家养老为基础、社区养老为依托、机构养老为支撑的养老服务体系的政策导向被进一步明确。人口老龄化是国际上普遍存在的问题，但在我国，情况更为特殊，除了未富先老之外，我国的人口老龄化还伴随着家庭结构和传统养老模式发生很大变化的时期，这使得养老服务体系的构建面临更大的挑战。我国的养老问题有其特定的国情背景，养老模式在发展过程中应立足于国情背景，建立不同的层次，使得不同需求的人可以有自己的选择，有效满足大多数老年人的需要。

与养老问题相关的国情基础包括居住环境、文化以及经济发展水平等方面，如果和一些养老体系已经相对固定的发达国家相比，例如美国，这些方面的国情就有很大差异。

首先来看居住环境的差异。美国人的房子被我们称为别墅，虽然也会有相对集中的居住区，但人口密度相比中国城市里的小区还是小巫见大巫的。由于居住密度小，出行大多以车代步，加之生活习惯的不同，比如很多中国的老年人喜欢晚饭后出去散步，但美国人就没有这个习惯，因此，美国居民区的街道上很少看到行人，一个美国老年人如若选择居家养老，势必要忍受一定的寂寞。而我国的居民区人口居住密度大，无论是城市里的小区还是农村的村庄，老人很容易找到老年朋友群体，可以相约一起做很多事情。日常购物方面，在美国，即使要买很常见的食品和日用品，恐怕都要开车，但在中国，小区里大多就会有便民超市，菜市场也相距不远，走路完全可以到达。总之，对于一位行动还方便的老人来说，生活可以很丰富，而且这种丰富的生活是在他们熟悉的居住环境中，不需要很大成本就能获得的。

其次再看文化差异，文化的范围很广，和养老相关的几个方面，我国和美国就有很大的不同。很多美国人对搬家不以为然，其原因之一是，美国大部分地区差异不大，食品、商店、语言、文化甚至房子都是类似的，而欧洲就不同，欧洲一些国家不大，即使一个国家里不同区域的饮食习惯和文化也不同，所以搬家可能意味着新的环境，因此，很多欧洲人不愿意搬家，有类似于

"老家"的情节。中国人尤其上了年岁,也不喜欢搬家,家的概念依托于属于自己的相对固定的住宅。

美国人崇尚自由和独立,还在幼儿园的孩子就会说:你不要打扰我,让我自己呆着。在美国,子女成年后还和父母住在一起的情况非常少,经济上更是分得很清楚。父母年老后不会要求子女照护自己,有时还以不需要别人照料为自豪。

在我国,因为各方面的原因,子女的独立性不似美国,即使没有啃老,很多年轻夫妇也希望父母能够帮助照看他们年幼的儿女,在小区里,很容易看到祖辈领着孙辈玩耍;其实很多老人也同样不那么"独立",他们在心理上不仅是期待,而且是依赖和子女以及孙辈的相处。在我们祖辈之前的时代,因为人口流动慢,儿女多在父母身边尽孝,但现在这种模式遇到很大困难,我们的父辈是面对这种改变的第一代,心理上的挑战可想而知。一些传统的老年人不能接受住到养老院中,他们会感觉自己被儿女抛弃,如果是住在一个正常的小区里,他们能看到老人,更能看到年轻人和小孩,但在养老院中,周围都是老人,在独立性不足的情况下,心理就容易受到影响。虽然越来越多的子女选择不和父母一起居住,但仍然参与安排父母的养老,如果把父母送到养老院,他们的心里也会觉得愧疚。因此,尽管我国家庭规模日趋小型化,家庭养老功能日益减弱,但很多老年人习惯于既定的生活方式和熟悉的社区居住环境,至少在生活尚能自理时还是愿意留在自己家里,居家养老和社区养老模式在未来一段时间内,对相当一部分老年人仍是首选。现在已有一些社区养老模式的探索,使得老年人既居住在自己家里,又能享受一定程度的类似于机构的服务,如家务与送餐服务、医疗保健,甚至紧急呼唤按钮。

一个人的独立性还体现在，退休是否会对其生活造成很大影响，是否会感到突然间非常无聊和没有寄托。在中国，享受生活这个概念可能还比较令人困惑，一些老年人借家务来充实自己的生活，美国人则更多地选择休闲活动。美国的太阳城是极富吸引力的养老社区，其受青睐的原因之一就是，很多美国人觉得自己工作的几十年非常辛苦，退休后要好好享受生活，所以要搬到一个娱乐设施相对集中的地方，而且一定要有阳光，太阳城恰恰满足了这些最基本的需求。

再次是经济发展水平的差异。从外部来看，如果说居家养老是传统的养老模式，那么养老机构可以看做是传统养老模式的替代品，当老年人的身体状况使得他们独立生活有很多不便时，养老机构便是一个可以考虑的方向。在美国，虽然有很多老年人选择一直留在自己的居所里，但如果他们想住到养老机构中，也可以有一定的选择，尽管有些养老机构要提前几年就登记。在中国，传统的养儿防老观念使得养老机构的发展一直比较缓慢，机构中老年人的照顾质量没有保证。不仅养老机构的发展缓慢，医院里的照护模式也还保留着大量传统的形式。北京的很多的大医院已经不允许家属陪护，探视的时间也是有规定的，如果患者住院，很多情况下家人不陪伴也是可以的，但在地方上的很多医院，住院患者仍然以家人照护为主，尤其老年人，不愿支付护工费，不愿吃医院里的饭菜，老人住院期间，子女的负担很重。从老年人群体内部看，老年人的可支配资金在一定程度上决定了老年生活的质量，尤其在需要他人照顾的时候。即使有一些护理质量较好的养老机构，多数老年人可能也会因为价格昂贵而望而却步。养老保险、老年护理保险等都可以帮助投保人做好养老资金的规划，这方面的市场还需要培育与发展。

中国是讲究孝道的国家，顺者为孝，对于处在变革中的社会而言，有关养老的理念也在发生变化，我们的父辈和我们这一代，可能就会有不同的期待。任何一种养老服务模式都有其适应人群，基于我国的国情，关注老年人的心理及实际需要，是养老服务体系在发展中需要遵循的基础。

走出“中国版 401k”的误区

陈 凯

2011-09-07

随着近期中国 A 股市场的持续走低，关于“中国版 401k”计划的传闻在股票市场以及养老金市场中再次激起波澜。上周末又传出消息，国务院正在联合证监会、保监会、银监会以及社保、税务、财政等多部门成立“中国版 401k”领导小组，计划引导养老和保险等中长线资金进入股票市场。我们先不说这些传闻的准确性有多少，只需静下心来认真地想想就会发现，每当中国股市和基金市场出现低迷时，有关社保基金入场抄底、“中国版 401k”计划即将出台等话题就会层出不穷。而这个现象的本身就是对401k计划的一个错误认知。

美国的401k计划是依据美国在1978年“Internal Revenue Code”(IRC),即《国内税收法》中修订的第401条k条款制定的,称为“Employer-Sponsored Retirement Plan”,即雇主资助的退休计划。在世界银行提出的“三支柱”框架中,雇主资助的退休计划(即企业年金)在社会基本养老保险基础上起到第二支柱的补充作用,是个人在退休后较为重要的收入来源。通常的形式为个人和企业每月缴纳一部分资金进入养老基金,并由个人进行投资直至退休时领取。在美国的401k计划中,美国政府为了支持此基金,个人可以享受到延迟纳税和税收优惠等支持政策。由于个人缺乏投资技巧,美国政府同时通过鼓励养老基金进入资本市场并交由专业者投资,这大大激励了当时美国的股市。或许正是因为这个背景,每当中国A股市场不景气之时,便有关于实施中国版401k计划的各种消息传出。其实所谓“中国版401k”,即企业年金基金,从2004年开始试点至今已经近7年时间。截止至2010年年底,我国建立起企业年金计划的企业有3万家左右,资产大约在3 000亿元人民币。然而,很多媒体仍在呼吁建立“中国版401k”,并称靠此基金可以推动中国股市走向新的高峰,这其中存在着不少误区。

首先,“中国版401k”计划中的基金应该是“养老钱”不是“救市钱”。我们必须清楚企业年金的基本作用。由于企业年金是一种养老计划,它的唯一目标是为个人提供退休后的养老收入来源。这也就决定它具有投资长期性、投资稳定性等特点。无论如何去建立“中国版401k”的基金,其目的都是为了使个人退休收入更加多元化,从而得到更稳定的收入。因此,在各国的企业年金计划中,都会规定其投资于诸如股票和衍生物等高风险市场的比例限制以保证其收益的稳定性。如果其资金的大部分都投入到股票市场,会使个人面临较高的风险,导致在退休后很可能无法获得充足的收入来保持较高的生活水平。目前我国对企业年金投资股票市场的上限为30%,根据2010年年底的数据,这意味着企业年金基金可以直接投入到股市的资产大约在900亿人民币。这个规模并无法起到“救市钱”的作用。

其次,“中国版401k”的计划是需要资本市场来扶持而不是用来推动资本市场。无论是美国的401k计划,还是其他国家类似的企业年金计划,都依托着一个较为完善的资本市场。完善的资本市场可以为企业年金的投资提供较好的对冲机制并降低其投资风险。从另一个角度看,只有当资本市场完善了,企业年金才有其发展的空间。在目前的中国资本市场中,急功近利者居多,无论是电视还是网络,都在推崇短线炒作,风险性很大。这对资本市场的发展以及企业年金的展开都是不利的。反观美国,在其推行401k计划时,市场上就已经存在很多长期投资的资金,这使得401k计划一经推出便获得极大的成功,不仅计划本身得以良性发展,而且也推动了美国整体的股市和经济的发展。即使是在近些年,美国的401k计划的主要投资对象也是进行长期稳健组合投资的共同基金。可以说,一个完善而且健康的资本市场是美国401k计划得以稳步发展的重要因素。

再次,“中国版401k”不是无所不能的超人,而是需要关注和扶持的幼儿。企业年金只是整体社会养老体系中的一环,而社会养老体系又只是一个国家经济体系中的一部分。目前股市的低迷状态是我国整体经济问题的一个体现,因此,我们很难靠仅仅实施一个企业年金计划来解决。反之,企业年金却是十分需要整个经济体系在各个方面的扶持和帮助。从政策扶持的角度来看,在税收方面,欧洲和北美针对企业年金的税收优惠政策卓有成效。在美国,个人可以将税前工资的一定比例存入401k基金,并用此进行投资。这使得个人有更大的动力来利用税前的收入进行投资。无论是基金公司提供的共同基金还是保险公司提供的变额年金,当个人投资的动力增加后,他们产品的销售额度也会大幅上升,达到双赢的局面。而我国的税惠政策相比欧美还有很大差距,仍需要政府多方进行协调。从资本市场的角度来看,企业年金中的较大额度都会投资在比较稳健的共同基金中。这要求市场上的共同基金管理者在相互竞争中提高自身的技术水平,提供更多样化的基金产品和更高且平稳的收益以吸引更多的投资者。从我国现阶段来看,资本市场上的投资渠道相对较少,一些基金的管理费用较高且收益率并不理想。这无法达到推广企业年金的要求。由此看来,虽然企业年金已经在中国实行了7年之久,但相比我国养老体系甚至是国家经济体系而言,它只是一个正在成长中的幼儿,需要多方的支持和帮助。

“中国版401k”已经客观存在,我们下一步需要做的并不是鼓吹其能力和幻想它所能带来的美好前景,而是应该根据我国国情来完善企业年金体制,建立相关的制度来更好地促使其发展。“中国版401k”并不是股市的“救世主”,我们需要走出误区,使其真正变成居民生活的“养老钱”。

养老社区的“身份之谜”

郑后成

2011-08-24

2011年8月17日，国务院常务会议讨论通过的《中国老龄事业发展“十二五”规划》提出扩大居家养老服务网络覆盖面，推进供养型、养护型、医护型养老机构建设，开展多种形式的老年社区照料服务。

目前，居家养老、社区养老和机构养老是三大主要的养老模式。居家养老是指老年人在家中居住，由子女、亲属或社会提供养老服务的一种养老方式。社区养老是将社会机构养老中的服务引入社区，实行社区服务的在家养老。机构养老则是指以社会机构为养老场所，由养老机构统一为老年人提供有偿或无偿的服务，以保障老年人安度晚年的养老方式。联系到养老社区这一保险业界的热门话题，笔者不禁有个疑问，养老社区属于居家养老、社区养老与机构养老这三种养老模式中的哪一种呢？

这个问题看似简单，实则不然。在2011年4月份北京大学经济学院召开赛瑟论坛之际，笔者曾就这个问题随机“采访”了一些参会人员，其中，有在读的博士生，有业界的专业人士，也有高校的教授学者。受访对象对养老社区性质的归属问题给出的答案不大相同，有的说是属于居家养老，有的说属于社区养老，也有的说属于机构养老。看来，即便是具备一定知识背景的专业人士，对养老社区的性质也有不同的认识。于是，笔者称养老社区性质归属问题为养老社区的“身份之谜”。

“身份之谜”的产生，笔者认为有以下几点原因：首先，养老社区的名称中带有“社区”一词，这就容易让人将其与社区养老联系起来，尤其是对不太熟悉养老社区的人而言。其次，如果入住者购买了养老社区的房子，养老社区就是他们的家，在家中养老，不就是居家养老吗？此外，目前部分公司在进行养老社区产品推介时，为了增强产品的吸引力，都会以“亲情”、“温暖”、“家”等字眼招徕潜在客户，这也给人以养老社区属于居家养老的错觉。

笔者认为，养老社区应该归属于机构养老，理由有以下几点。

从定义上看，不论是居家养老还是社区养老，都离不开“家”。从国人的“家”文化看，“家”常被视为是一个拥有所有权的空间，鲜有人会将租来的房间视为自己真正的“家”。目前，开发商基本上都计划出租，而不是出售养老社区的房子。入住者需缴纳一笔入门费或押金，其数额约几十万，正式入住后每个月还必须缴纳几千元的月费。入门费（押金）在入住者离开养老社区的时候会退还给入住者。毫无疑问，在所有权方面，养老社区很难称得上是入住者的真正意义上的“家”。既然养老社区不是“家”，那也就谈不上养老社区属于社区养老，更谈不上属于居家养老，因为“家”是社区养老与居家养老必不可少的载体。

从养老地点的角度看，居家养老与社区养老的共同点是都是在熟悉的生活环境里养老，并不离开原有的住房与社区，也就是说，居家养老与社区养老属于原居养老（aging in place）。在这里，老年人与有血缘、婚姻关系的人，以及与熟悉的邻居、朋友一起居住、生活，对环境有一种亲切感与归属感。而机构养老则不同，属于异地养老，也就是入住者离开自己熟悉的环境，到新的环境中养老。在那里，各种职业、各个阶层的老年人共同居住、共同生活。目前，国内的养老社区一般都选址在山清水秀、空气清新、离市区一小时车程内的市郊。这对于市区老年人则意味着他们得离开熟悉的社区，去新社区生活。可见，从养老地点来看，养老社区具有异地养老的特点，而这个特点是居家养老与社区养老所不具备的。

从养老的集中度来看，居家养老与社区养老都是在熟悉的家与社区中养老，而家与社区都具有分散性，这就决定了居家养老与社区养老是分散性的养老。老年人分散在各自的家中，或者由家人照顾，或者由养老机构人员上门服务，或者到各自社区的养老场所活动。在机构养老模式下，老年人被集中到养老机构，由受过专门训练的人士统一照顾，统一护理。因此，机构养老属于集中性质的养老。养老社区中居住的都是一定年龄以上的老年人，有的养老社区规定入住者只能是老年人，年轻人探望老人时，不能在社区居住超过一个月。因此，养老社区具有集中化管理的特点，而这个特点是机构养老所独有的。

从养老服务的提供者角度看，在居家养老、社区养老以及机构养老模式下，子女或亲属，以及社会养老服务机构都可以是养老服务的提供者。但是在不同的模式下，子女或亲属与社会养老服务机构所承担的生活照料责任是不同的。在居家养老模式下，子女或亲属是提供养老服务的主力军，社会养老服务机构处于辅助地位。在社区养老模式下，子女或亲属与社会养老机构各提供大体相等的养老服务。而在机构养老模式下，养老服务机构是养老服务的主要提供者，子女则扮演“配角”。养老社区有完善的养老设施，丰富的养老服务，受过专业培训的护理人员，严格的规章制度，这一切使得养老社区能够持续不断地提供优质、高效、专业的服务，承担起生活照料的主要责任，这是居家养老与社区养老无法做到的，只有专业的养老机构才能完成这样的任务。这也是机构养老优于居家养老与社区养老的所在。

养老社区属于三种养老模式中的哪一种，这个问题很重要。2006 年 2 月，我国颁发了《关于加快发展养老服务业的意见》，提出了“发展养老服务要按照政策引导、政府扶持、社会兴办、市场推动的原则，逐步建立和完善以居家养老为基础、社区服务为依托、机构养老为补充的服务体系”。与之相呼应，此次《中国老龄事业发展“十二五”规划》明确将“完善家庭养老保障和照料服务扶持政策，提倡亲情互助，弘扬孝亲敬老传统美德”列为“十二五”时期老龄事业发展的重点任务之一。按照这两份文件，如果养老社区属于居家养老或社区养老，那么大力发展养老社区就有了政策的依据和支持。同时，由于居家养老、社区养老为社会广为接受，发展养老社区也不会存在来自传统观念方面的障碍。但是，鉴于在老龄社会条件下，空巢老人、高龄老人、独生子女家庭以及失能老人日益增多，养老社区将有可能成为主流的养老模式。如果养老社区被归属于机构养老，则与机构养老的“补充地位”角色冲突。这是否就意味着国家的养老服务模式需要进行一定程度的调整呢？

变额年金产品将冲击个人养老保险市场

陈　凯

2011-07-20

2011年5月，保监会下发了《关于开展变额年金保险试点的通知》和《变额年金保险管理暂行办法》，将北京、上海、广州、深圳和厦门5个城市作为第一批经营变额年金的试点城市。变额年金也被看做带有保本特征的投连险，不仅包含一定的保险保障功能，而且也为投保人提供一定程度上的潜在收益。在欧洲和北美的保险市场，变额年金是一款主流产品，并早已流行了半个多世纪，如在美国市场，1年大概有1 700亿美元的保费，占到年金市场的8.5%。由于变额年金兼顾投资、养老和抗通胀的特点，并能保证投保人的最低收益，因此，很多学者和业界人士都认为变额年金的试点将会丰富个人养老保险产品市场，并提高居民对个人养老保险产品的购买兴趣。

那么，变额年金产品会如何冲击我国的个人养老保险市场呢？让我们先看看我国个人养老保险市场面临的主要问题。

日前，国家统计局宣布了 2011 年 6 月份的居民物价指数 CPI 同比增长 6.4%。通货膨胀的压力使得我国的个人养老保险市场面临较为严峻的考验。目前我国的个人养老保险产品主要有三个问题：一是形式较为单一，市场上个人养老保险产品多以分红型保险的形式出现，并且不同保险公司之间的产品并无明显的不同。产品选择的种类过少，很难满足投保人的不同需求。二是保障略显不足，个人养老保险产品的回报率差强人意，分红型保险的分红水平低和万能型保险的结算利率低。同时其他一些金融公司推出的理财型产品，甚至保险公司自己的一些投连险都对个人养老保险产品带来了较大的竞争。三是不具备抗通胀能力，市场上个人养老产品的给付额度为固定金额加分红，对未来的通货膨胀并没有调整。由于个人养老产品给付时间通常都是在 20 至 30 年之后，固定给付额度在高通胀预期下会有大幅度缩水。如果按照 5% 的通货膨胀率，25 年后退休来估算，在不考虑利率折现因素的影响时，缩水比例仍然接近 70%。这使得我国的个人养老保险产品对购买者的吸引力严重不足，更多的投资者宁愿去选择一些风险较高的投资方式或是定期存款来为自己的养老问题做准备。从政府监管的角度，一些开发个人养老保险产品的政策也没有跟上。这令我国的个人养老保险并没有起到为居民提供足够养老保障的第三支柱的作用。

变额年金的出现首先可以填补个人养老保险市场的一个空白。从风险和收益的角度分析,投连险的风险较高,收益保障不足,而万能险和分红险则存在收益回报低的问题。变额年金的附加保障条款使得它的产品定位在这两者之间,为投保者提供了一个新的选择。其次,变额年金产品通常都有一个投资账户。账户中会包含较大比例的权益类资产以获得较高的收益,也会配置一定比例的固定收益类资产和流动性资产来保证投保者的基本收益。对于投保者来说,既可以搭上资本市场走牛时的"顺风车",也可以规避市场在大幅下降时的资产缩水。再次,顾名思义,变额年金产品在给付时额度并不固定,这从一定程度上可以降低通货膨胀带给投保者的压力。因此,变额年金可以基本解决我国个人养老保险市场所面临的几个问题,可以有效地推动个人养老市场的发展。

当然,由于我国的变额年金才刚刚起步,目前市场上仅有一两只变额年金的产品,因此还有许多需要注意的问题。第一,产品形式需要多样化。根据保监会出台的暂行办法,即将推出的变额年金产品包括最低身故保证(GMDB)、最低满期收益保证(GMMB)、最低年金给付保证(GMIB)和最低累积利益保证(GMAB)。这留给保险公司了一个相对宽松的产品设计空间。保险公司可以根据自身的情况推出一种或是几种组合型的变额年金产品。投保人也可以在不同保险公司之间去选择适合的保险产品。但是,如果各个保险公司都采用较为相同的产品,最终市场还是会走回到产品单一、乏人问津的局面。政府应该从审批的角度适当鼓励不同险种的产品以丰富变额年金市场。第二，对保险公司投资能力的考验。从目前形势来看，一些大型的中资寿险公司都持有谨慎的态度，而外资寿险公司由于母公司在变额年金方面有一定经验，加之需要尽快抢占市场份额，所以普遍对这一新产品表现了浓厚的兴趣。金盛人寿已经在6月底推出了首款附加最低满期收益保证的变额年金，中美联泰大都会的首只变额年金产品也已经获批，华泰人寿和信诚人寿等公司也开始了对变额年金产品的研发。由于变额年金规定了最低保障，对资产管理能力的要求较高。如果公司投资能力不足或是资本市场形势不理想，变额年金产品将给保险公司带来额外的风险。为了保持变额年金市场的长期持续，需要各家保险公司在推出产品时谨慎考虑自身对风险控制的能力。第三，投资渠道不足的问题。由于我国的资本市场尚不成熟，很多金融衍生品都在试点或尚未推出。变额年金的个人账户在投资方式上还存在一定的局限性，也增加了保险公司的管理风险。第四，保障的额度是否充足。作为对个人养老市场的补充，变额年金的保险期间也较长。在产品设计时的保障额度也将面临一定的通胀和投资风险。这要求产品设计部门在考虑自身投资能力的同时，也要提高产品对投保人的吸引力。

总体来说，变额年金产品的出现不仅丰富了投资型保险的市场，也为个人养老保险市场的多样化开了一个好头，起到一定的改善和冲击的作用。虽然目前市场上的变额年金产品还很少，投保者也才刚刚接触这一个概念，但是从欧美市场的经验来看，变额年金的前景是美好的。我们也希望变额年金能更好地推动我国的个人养老市场的发展，使其成为老百姓退休后真正的第三支柱。

养老社区:“空巢老人”的新“巢”

郑后成

2011-04-06

近日,中国保监会在下发的《关于保险业进一步参与加强社会建设创新社会管理的意见》中强调,保险业应积极参与多层次社会保障体系的建设,努力满足人民群众“老有所养、病有所医”的需要,以充分发挥保险业在加强社会建设、创新社会管理中的职能作用。在我国,做好“空巢老人”的生活照料与精神慰藉等方面的服务,已成为一个新的社会问题。笔者认为,养老社区是解决“空巢老人”这一社会问题的十分有效的方法,保险业在这个领域里大有可为。

所谓“空巢老人”，是指年龄在60岁以上，与老伴一起生活或单独居住，身边没有子女或他人照料的老年人。根据民政部的数据，截至2009年年底，我国有2 340万老人“独守空巢”，城乡空巢家庭超过50%，部分大中城市达到70%。随着80年代出生的独生子女纷纷成年，外出求学或组建家庭，空巢老人与空巢家庭的比例与数量还将不断上升。

一般而言，老年人在生活中遇到的困难可以分为生活照料困难、精神慰藉困难和物质保障困难，而空巢老人与非空巢老人应对这三种困难的能力是大不相同的。

从生活照料方面来看，空巢老人面临的困难远大于非空巢老人。由于年事已高，空巢老人自己洗衣做饭、清理房屋时存在体力不足，感到吃力的困难。空巢老人还面临外出购物的困难。当缺乏生活物品时，空巢老人需要亲自出外采购主副食品，由于自身体力下降或路途较远等原因，会感到力不从心。然而，与死亡相比，这两种困难则显得微不足道。近年来，由于家中无人照顾，空巢老人煤气中毒死亡、失足摔死、大火烧死等悲剧不时见诸报端，甚至有的空巢老人在家中去世多日才被发现。

从精神慰藉方面来看，空巢老人面临的困难也远大于非空巢老人。由于子女不在身边，空巢老人精神上容易出现情绪不稳、烦躁不安、消沉抑郁等情况。特别是出现生活照料上的困难暂时无法解决的情况时，空巢老人会对自身存在的价值产生怀疑，从而产生悲观情绪，进而减少社会交往，陷入无趣、无欲、无望、无助的状态，严重者甚至出现自杀的想法和行为。当精神困扰无法排除时，空巢老人容易出现如失眠、头痛、食欲不振、消化不良、心律失常、高血压、冠心病等病症。这就形成了恶性循环：空巢老人精神慰藉需求得不到满足，导致身体素质下降，进而加重生活照料困难，而生活照料困难又产生孤独、无助等消极情绪和对子女的思念之情。

从物质保障方面来看，总体上空巢老人面临的困难要小于非空巢老人，也就是说，空巢老人的经济能力强于非空巢老人。首先，从空巢老人子女的个人能力来看，离开父母去外面世界闯荡的人，个人能力大多比较强，在社会的竞争中处于一定的优势，赚钱的机会以及所赚的钱相对多些。另外，由于没有留在父母身边尽孝，子女出于内心的愧疚感会更多地从物质上给予补偿，以弥补父母的精神损失，所以，空巢老人经济相对宽裕。其次，从空巢老人自身来看，能够放手让子女闯荡世界的老人，阅历往往较丰富，眼界较宽广，思想较开明，个人能力也较强，生活较独立，经济实力也较强。对于那些没有子女的空巢老人而言，其忧患意识比非空巢老人要强得多。由于没有子女，他们在年轻的时候就意识到在养老这件事上只能依靠自己，往往就提前进行储蓄或投资，经过几十年的奋斗，到老年后一般会有一笔相对充裕的资金以备养老之用。

目前，我国已经明确了以居家养老为基础、以社区养老为依托、以机构养老为辅助的养老模式。从养老模式的角度看，养老社区比居家养老和社区养老更能高效、全面地满足空巢老人生活照料和精神慰藉方面的需求。

在生活照料方面，养老社区工作人员经过严格的专业训练，受过照料与护理方面系统的培训，有能力和经验高效应对突发事件。养老社区基本都配备紧急呼叫服务系统、吸氧系统、健身康复室、康复指导等设施或服务。当老年人在日常生活中遇到困难的时候，能够及时地得到解决，实现老有所助。由于养老社区选址的时候靠近大型医院，或社区内有大型医院的分支机构，当老年人身体状况出现问题时，能够及时得到治疗，实现老有所医。一个管理高效、组织严密的养老区，是绝不会出现老人去世多日才被发现这种情况的。让老人有尊严地离开这个世界，是老有所终的最低要求。

在精神慰藉方面，养老社区为活跃老年人的生活提供娱乐设施和场所，并组织适合老年人特点的休闲活动，使他们能够幸福地安度晚年，实现老有所乐。养老社区设立老年大学、老年图书馆等，让老年人根据社会的需要和个人的爱好，学习掌握新知识和新技能，既能从中陶冶情操，又能增加自身的价值，找回自信，实现老有所学。养老社区还可以组织身体好的低龄老人为身体不好的高龄老人服务，或者为老人提供与其身体状况相适应的工作，实现老有所为。

不过，养老社区对老年人的经济要求比较高。由于空巢老人的经济实力相对优于非空巢老人，因此养老社区更符合空巢老人的经济能力。考虑到养老社区能够专业、高效、及时地满足空巢老人生活照料与精神慰藉方面的需求等特点，所以空巢老人选择养老社区的可能性要大于非空巢老人。因此，随着我国空巢老人相对比例与绝对数量的增加，对养老社区的需求也会相应扩大。

令人欣慰的是，近年来许多保险公司已经认识到养老社区对社会发展的重要性，纷纷参与到养老社区的开发建设中来，充分发挥保险业在加强社会建设、创新社会管理中的作用。

加息周期对养老问题影响几何？

陈　凯

2011-02-16

2011年春节刚过，中国人民银行即宣布从2月9日起上调各个金融机构一年期的存贷款基准利率0.25个百分点，其他期限的存贷款基准利率也相应地上调。这是继去年10月和12月央行两次加息后，今年的首次加息。在短短的4个月内连续加息，意味着中国已经进入了一轮加息周期。虽然央行的这几次加息幅度并不大，但是如此频率表明央行在今年抗通胀的决心和信心很足，未来应该还会有加息的动作出现。提到通胀，难免想到养老的问题。面对如今高居不下的CPI增长率，很多人都担心自己未来退休后的养老收入是否会大幅缩水。如今，除了个人社保的收入外，企业养老保险和个人商业养老保险都越来越受到人们的关注。在当前中国典型的“4-2-1”倒金字塔人口结构下，更多的人已经从传统的“养儿防老”和“储蓄养老”转为“投资养老”和“保险养老”，近期更是兴起了所谓的“以房养老”和“艺术品养老”等新概念。这里，我们暂时抛开“投资养老”这类风险较高的方式，也不去考虑“以房养老”和“艺术品养老”这些需要一些条件才能实施的方法，来讨论中国进入加息周期后，对养老问题的影响。

安联集团在前不久发布的2011年首个《人口结构变化报告》中显示，人口老龄化和养老难的问题正在席卷全球，每个人都将面临越来越大的养老压力。目前，对于个人而言，通货膨胀会使退休后的养老实际收入缩水，大家都需要重新考虑自己的退休计划；对于保险公司而言，未来对商业养老保险的需求将增加，也需要思考如何利用这个机遇来拓展市场。这里我们也分别从投保人和保险公司的角度来阐述一下看法。

在加息通道开启后，老百姓该如何利用养老保险来抵抗骤增的通胀压力呢？其实，就当前市场的投资环境来看，不动产投资受宏观调控的影响，投资的渠道已经越来越窄，成本也逐渐增加；股市投资的风险较高，需要一定的专业知识和时间；悄然兴起的艺术品投资也是高门槛高风险。很多人只好将钱存到银行来收取定期存款的利息。然而，按照目前的一年定期和两年定期存款的利率来看，远远低于公布的CPI的涨幅，实际利率为负。这说明当我们将钱存在银行后的实际价值是在减少的。在这样的背景下，保险产品不失为一个合理选择。我们如果能理性正确地投资一些养老保险产品，既能防范未来养老风险又为自身财富保值增值。

目前市场上较为常见的商业个人养老保险有分红险和万能险两种。虽然还有一些个人养老保险可以提供固定的收益，但是此类产品收益已经确定，并不具有抗通胀的特点。分红型的个人养老产品通常是在提供部分固定收益的基础上，带有浮动的分红。长久以来，保险公司的分红型养老产品的大部分均投资在国债、企业债和基金等固定收益类产品，这使得它与加息之间存在明显的正向关系，可谓一荣俱荣，一损俱损。央行加息意味着保险公司可供分红的收益增加，从而使投保者的收益增加以达到缓解通胀的目的。从2010年的情况来看，分红险的收益水平大体在3%—5%之间，个别优秀公司会更高一些，基本能够达到跑赢CPI的目标。

万能型的个人养老产品与分红型类似，也具有一定的抗通货膨胀的功能，而且缴费方式更为灵活，预期收益较高，并附加较高的保障特性。但是，万能险的投资风险相对分红险而言大一些。而且，高保障性的特点使得万能险的初始风险保费较高，在最开始的五年左右，投保人缴纳的保费只有小部分进入到了投资账户。因此，万能险更适合长期投资，个人在投资时需要考虑自身情况。对于一些年轻的白领们而言，由于他们风险保费低，并有较充裕的资金投资，利用万能型的个人养老产品可以更好地利用加息周期来应对通胀。

从保险公司的角度来看，如何利用加息周期来更好地推动养老保险产品的发展呢？在我个人看来，一是要提高现有养老产品的收益率来增加居民的购买欲；二是要设计更多创新型的商业养老产品来开拓市场。数据表明，2010年初期，各个保险公司的万能型养老产品的收益并不理想，个人万能险结算利率一降再降。许多投保人在购买养老保险时除了看中其保障的功能外，抗通胀的收益率也是吸引投资者的要素之一。加息周期的开始应该对各大保险公司的养老产品是一大利好。央行存贷款利率的提高，可以提高国债、基金等固定收益资产的收益率。保险公司应该抓住这一时机，提高自身投资的收益率，以此吸引更多人来关注和购买个人养老产品，更好地推动这个市场的发展。

在开发新产品方面，我们也可以向北美和欧洲等先进国家取经，引进一些较为成熟的养老保险产品。例如在北美的养老市场上，许多养老保险产品都以变额年金形式出现。变额年金与我国市场上的投连险形式类似，保费中包含寿险的保障因素，年金给付则与投资在资本市场的市场价值挂钩。而且，变额年金还通常附带保本的特征，当投保人发生死亡、退保或部分支取时，变额年金可以提供一定程度的保底比例。这大大降低了投保人的投资风险。当然，这也给保险公司在投资手段和效率方面提出了更高的要求。有消息称，从去年年底，保监会和几大保险公司已经开始此类产品的研发，有望在最近登陆我国保险市场。希望此类产品能丰富中国的养老产品市场。

我国的养老问题日渐严峻，加息周期也意味着市场未来的通胀压力骤增。但是，我们可以利用加息的契机来更好地发展养老保险产品市场，既可使老百姓做到老有所养，又可使养老保险公司更加良性地发展，做到鱼和熊掌两者兼得。

重视并推动个人养老保险市场的发展

陈　凯

2011-01-26

日前，和几位大学同学小聚，其间有人想让我推荐一款个人养老保险产品。我被问了个措手不及，却让我更加认识到个人养老保险产品的重要性。一个国家的养老保险体系通常被分为基本养老保险、企业年金和个人养老保险及储蓄这三大部分，也称为“三大支柱”。只有三个强有力支柱才能建立起一个可称为健全和完善的养老保险系统。其中，基本养老保险是用来保证居民在退休后的基本生活需要；企业年金是在基本养老保险的基础上为居民增加退休后的收入，使得居民在退休后仍然能够维持退休前较高的生活水平；个人养老保险与储蓄相比前两者具有更多的自主性，可以为居民提供额外养老收入。

我国目前可以说已经初步建立了一个较为完善的多层次、多支柱的养老保险系统。其中包含了基本养老保险、企业养老保险以及个人养老保险和储蓄。然而，我国养老保险系统所面临的问题也是十分明确并严峻的，尤其是在个人养老保险这个方面。虽然个人养老保险在我国发展已近二十年，但是它的重要性以及对整个社会养老保险体系的关键性却往往被大家忽视。我认为，我国个人养老保险的市场潜力是巨大的，应该引起社会各界的更多重视以及政策上的关注和支持，应当加快推动个人养老保险市场的发展。

首先，我国的养老保险体系中的前两大支柱，即基本养老保险和企业养老保险，已经初具规模，但遭遇瓶颈。我国的社会养老体系是城乡二元结构，这使得基本养老保险覆盖面只能以较为缓慢的速度进行扩张。而且，庞大的养老保险基金缺口一直是妨碍我国养老保险发展的重要问题。2010 年年底，有消息称养老保险基金的缺口已经接近 1.3 万亿元。这会严重影响未来居民养老金的支付保证，从而影响养老保险的扩展效率。在企业养老保险方面，我国也是进展缓慢。很多学者和业界人士都在极力推动企业养老保险的发展以及企业养老保险的税惠政策。但我国目前企业年金的发展前景并不乐观。一方面由于企业年金的税惠政策一直缺失，这使得企业年金市场的需求不足。另一方面，企业年金的自愿性原则使得很多企业不愿为自己的职工提供企业养老年金，很多职工也因为考虑到未来职业转换的因素而不购买企业年金。因此，现在正是时候转变一下思路，考虑并发展个人养老保险的市场。

其次，从我国的个人养老保险市场的现状来看，发展严重不足。据汇丰保险新的一项亚洲调查显示，接近六成的中国内地受调查者认为自己未来退休后的养老收入的来源主要依赖政府(47%)和雇主(11%)，并有42%和43%的内地民众依赖政府和雇主提供医疗保障。而亚洲市场中，很多国家的大部分受访者都选择依靠自己来储蓄退休后的养老基金，例如印度(72%)、新加坡(71%)、韩国(60%)、马来西亚(59%)，而我国仅有42%的受访者为自己准备了养老所需的基金。这说明我国个人养老保险市场的潜力很大。

最后，个人养老保险的形式多样，可以有很大的发展空间。个人养老保险大多是个人自主性的投资行为，保险公司在产品设计上可为投保者提供更多的空间。根据个人承担风险能力的不同，为居民设计不同收益以及不同形式的个人养老产品。目前，我国的个人养老市场在这方面还存在一定缺陷。市场上的个人养老产品以普通的万能险和分红险为主，保险产品形态过于单一。但从国际较为发达的保险市场来看，因为投资渠道的多元化，个人养老保险的产品形式在之前的基础上有了很大的创新，出现更多个性化的产品。这为个人养老保险产品在与其他理财产品相比时提供了更大的竞争力。

如果要大力发展我国的个人养老保险市场，需要充分借鉴国际上的成熟经验，并根据我国的自身情况，从产品的多样性、提高居民的需求以及适当的政策鼓励三个方面着手。

第一，提高产品多样性。前面提到我国目前的个人养老产品的形式过于单一,不同公司产品的保险责任和回报形式都十分类似。从国外的经验来看,在更为宽泛的投资渠道的前提下,保险公司可以根据不同人群的需求开发和设计更为人性化和个性化的个人养老产品。除去基本的投资连结型保险和分红型保险外,还可以引入更多的金融衍生品来设计不同风险程度的养老产品以丰富个人养老保险的产品市场。同时,还需要提高个人养老产品的资产投资和管理的能力与效率,以达到和其他个人理财产品竞争的水平。

第二,提高居民对个人养老保险的需求。除了在供给方面增加产品的品种外,还需要通过教育和宣传提高居民对个人养老保险的需要。我国居民一直有“养儿防老”的传统思想,或是依靠政府和社会来提供养老福利,这使得我国的个人养老保险市场一直得不到更好的发展。我们要加大宣传个人养老保险的好处及其作用,并引导居民尤其是年轻一代更积极地购买个人养老保险。

第三,建立税收优惠政策。从政府的角度来看,需要建立更加完善的税惠政策来推动个人养老保险的发展。鉴于目前个人养老保险发展不足的现状,税惠政策需要下一剂猛药,不仅要对投保者在购买和领取阶段给予税收优惠,而且需要对保险公司在养老资金的投资过程中给予一定的政策补贴来提高其经营个人养老保险的积极性,并提高其在运营上的竞争性。

总之,养老保险体系的三大支柱缺一不少。对于个人养老保险,希望从政府监管机构,到保险公司,再到投保者都能够给予足够的重视和支持,共同推动个人养老市场的发展,以使得我国的养老保险体系更加完善和健全。

“十二五”社会保障改革：框架、理念和难题*

——《社会保险法》的视角

郑　伟

2011-01

2010年注定是中国社会保障改革历史上的重要年份，因为这一年，自1993年开始起草、历经17年、三次上报、四次全国人大常委会审议的《社会保险法》正式颁布了。这是一部在中国特色社会主义法律体系中起支架作用的重要法律，也是今后中国社会保障制度改革的一块重要基石，具有里程碑意义。透过《社会保

* 本文原载于《中国经济》，2011年第1期。

险法》，我们可以看出“十二五”以及今后更长时期中国社会保障制度改革的框架和理念。

一、社会保障改革的基本框架

2020年我国要全面建成小康社会，其中建立覆盖城乡居民的社会保障体系是重要内容。“十二五”是经济社会发展的攻坚时期，同时也是社会保障改革的关键时期。在这一时期，社会保障改革的指导思想概括起来是十二个字——“广覆盖、保基本、多层次、可持续”。“广覆盖”强调覆盖城乡全体居民，人人享有社会保障；“保基本”强调社会保障水平与经济社会发展水平相适应，避免陷入“福利陷阱”；“多层次”强调社会保障体系由托底层、主干层和补充层构成，共同组成完整架构；“可持续”强调探索建立长效机制，将解决现实突出问题、历史遗留问题和解决长远体制机制问题有机结合起来。

在多层次的社会保障框架体系之中，“托底层”包括最低生活保障、医疗救助、农村“五保”等；“补充层”包括企业年金、职业年金、补充医疗保险、商业保险等；而核心是“主干层”——社会保险。《社会保险法》规范的即是“社会保险”，具体包括基本养老、基本医疗、工伤、失业和生育保险。这其中，又以基本养老保险和基本医疗保险最为复杂。基本养老保险不仅包括职工基本养老保险，而且包括新型农村社会养老保险和城镇居民社会养老保险；基本医疗保险不仅包括职工基本医疗保险，而且包括新型农村合作医疗和城镇居民基本医疗保险。

二、社会保障改革的三个“平等”理念

这次的《社会保险法》有三个突出亮点：一是覆盖全民，二是统筹城乡，三是转移接续和基础养老金全国统筹。从中，我们可以看出社会保障改革的三个“平等”理念：一是公私平等，二是城乡平等，三是地区平等。

首先看覆盖全民。其一，基本养老保险制度和基本医疗保险制度覆盖了我国城乡全体居民。其二，工伤保险、失业保险和生育保险制度覆盖了所有用人单位及其职工。其三，被征地农民按照国务院规定纳入相应的社会保险制度。其四，在中国境内就业的外国人，也应当参照《社会保险法》规定参加我国的社会保险。

“覆盖全民”体现了“公私平等”的理念。回顾20世纪八九十年代，当时的社会保障制度仅覆盖公有部门，私营部门不在保障范围之列；而且，当时的社会保障改革基本是作为国有企业改革的配套工程，而不是作为一项独立的改革实施的。反观今天的《社会保险法》，我们发现，不论公有部门还是私有部门，只要是中国居民，甚至包括在中国境内就业的外国人，都属于社会保险的覆盖对象，“公私平等”的理念逐渐确立。

其次看统筹城乡。其一，《社会保险法》总则第四条规定，中华人民共和国境内的用人单位和个人依法缴纳社会保险费，后续各专章也有类似表述，这是不区分城镇和农村的。其二，《社会保险法》第二十二条规定，省、自治区、直辖市人民政府根

据实际情况，可以将城镇居民社会养老保险和新型农村社会养老保险合并实施。可见，法律预留了打通城乡的通道，为统筹城乡社会保障留下了空间。其三，《社会保险法》第九十五条规定，进城务工的农村居民依照本法规定参加社会保险，即按照与城镇统一的规则参保。其四，《社会保险法》第九十六条规定，征收农村集体所有的土地，应当足额安排被征地农民的社会保险费，按照国务院规定将被征地农民纳入相应的社会保险制度。比如，被征地农民到用人单位就业的，应当参加全部五项社会保险；对于未就业，转为城镇居民的，可以参加城镇居民社会养老保险和城镇居民基本医疗保险；继续保留农村居民身份的，可以参加新型农村社会养老保险和新型农村合作医疗。

“统筹城乡”体现了“城乡平等”的理念。在过去相当长的时间，农村居民对国家的社会保障不敢“奢望”，有无社会保障成了区隔城镇和农村的重要标志之一。随着经济的发展、改革的深入和民众的觉醒，人们逐渐意识到，社会保障不是城镇专属的特权，农村居民同样有权享有，“城乡平等”的理念逐渐确立。

最后看转移接续和基本养老保险基金全国统筹。《社会保险法》第十九条、三十二条和五十二条分别规定，个人（职工）跨统筹地区就业的，其基本养老保险关系、基本医疗保险关系、失业保险关系随本人转移，缴费年限累计计算。个人达到法定退休年龄时，基本养老金分段计算、统一支付。此外，《社会保险法》第六十四条规定，基本养老保险基金逐步实行全国统筹，其他社会保险基金逐步实行省级统筹，具体时间、步骤由国务院规定。

“转移接续”和“基本养老保险基金全国统筹”，体现了“地区平等”的理念。在过去相当长的时间，各省、各地市甚至各县的社会保险基金相互独立，各自为政，而且社会保险关系跨统筹地区无法接续，导致许多劳动者被迫频繁退保，社会保险待遇受到很大影响。这次《社会保险法》一举打破了这一地区冲突的历史难题，明确规定社会保险关系可以跨地区转移接续，并且规定基本养老保险基金逐步实行全国统筹，颇有战略眼光，“地区平等”的理念逐渐确立。

以上三项“平等”理念，即公私平等、城乡平等和地区平等，不仅有利于消除制度障碍，便利劳动者在公有部门和私营部门之间、城镇和农村之间、各省之间的自由合理流动，保障劳动者的合法权益，而且有利于在更大范围内分散风险，调剂基金盈亏，提高资金使用效率，实现社会保险基本制度的统一。

三、社会保障制度的管理执行

社会保障改革成功与否，不仅重在制度设计，而且重在管理执行。这其中，有三个问题需要特别重视：一是社会保险费能否收得上来？二是社会保险基金能否保证安全？三是社会保险待遇能否按时足额支付？

第一个问题，从过去近二十年的情况看，社会保险费的征缴情况一直不如人意，用人单位恶意偷逃缴费现象十分严重。对此，《社会保险法》规定了强制征缴。用人单位未按时足额缴纳社会保险费的，由社会保险费征收机构责令其限期缴纳或者补足，进一步还可采取若干措施。一是直接划拨。逾期仍不缴纳或者补足的，社会保险费征收机构可以申请县级以上有关行政部门作出从用人单位存款账户中划拨社会保险费的决定，并书面通知其开户银行或者其他金融机构划拨社会保险费。二是要求担保延缴。用人单位账户余额少于应当缴纳的社会保险费的，社会保险费征收机构可以要求该用人单位提供担保，签订延期缴费协议。三是扣押查封拍卖。用人单位未足额缴纳社会保险费且未提供担保的，社会保险费征收机构可以申请人民法院扣押、查封、拍卖其价值相当于应当缴纳社会保险费的财产，以拍卖所得抵缴社会保险费。

第二个问题，社会保险基金作为老百姓的“养命钱”，能否保证基金安全？上海社保案为我们敲响了警钟。为保证社保基金的安全，《社会保险法》要求，社会保险基金专款专用，任何组织和个人不得侵占或者挪用。社会保险基金不得违规投资运营，不得用于平衡其他政府预算，不得用于兴建、改建办公场所和支付人员经费、运行费用、管理费用，或者违反法律、行政法规规定挪作其他用途。而且，社会保险经办机构应当定期向社会公布参加社会保险情况以及社会保险基金的收入、支出、结余和收益情况。此外，对于具有战略储备性质的全国社会保障基金，也应当定期向社会公布收支、管理和投资运营的情况。

第三个问题，用人单位和个人参加了社会保险，能否保证当需要领取时，社会保险待遇能够按时足额支付？一方面，《社会保险法》规定社会保险经办机构应当按时足额支付社会保险待遇，当社会保险基金出现支付不足时，县级以上人民政府给予补贴。另一方面，人力资源和社会保障部表示，“十二五”时期要进一步提高社会保障管理服务水平：一是以基层为重点加强社会保障基层服务平台建设;二是加强社会保障信息网络建设,及时、准确记录保障对象的缴费和权益,确保待遇支付;三是大力推进社会保障卡的应用,方便参保者随时随地查询自己的权益记录,对全体参保群众做到“记录一生,服务一生,保障一生”。

四、社会保障改革的难题

《社会保险法》的颁布,对推进社会保障改革具有重要意义,但也不能幻想社会保障改革的难题就此迎刃而解了。事实上,中国社会保障改革的未来之路,仍将十分曲折。比如下一步,如何优化设计中国的养老保险制度?具体而言,能否提高退休年龄?如何实行基础养老金的全国统筹?如何推进机关事业单位养老保险制度改革?每一个都是富有争议的难题。

关于退休年龄。中国目前执行的退休年龄政策基本是新中国成立初期确定的,一直沿用至今。在人口老龄化的大背景下,提高退休年龄看来是一个趋势,但考虑这一政策时需要十分谨慎。前一阵子法国爆发工人大罢工,提高退休年龄(从60岁提高到62岁)是主要原因,这给我们提供了前车之鉴,但我们也不能因此畏首畏尾,不再研究提高退休年龄事宜。中国目前的退休年龄有60岁、55岁、50岁甚至更低,未来五年是否提高,提高退休年龄是否会显著影响就业,社会公众能否接受?如果提高退休年龄,如何提高,是先统一男女退休年龄还是在现有基础上分别提高?如果提高退休年龄,在多长时间内提高到位,如何做到小步渐进?这些问题都需要认真研究。

关于基础养老金的全国统筹。大约十年前，笔者参加过世界银行和财政部共同主办的一期社会保障改革专题研修班，令我印象深刻的是一次课堂讨论，世界银行的专家问学员，如果实行基础养老金的全国统筹，你们是否赞成？两位学员的回答针锋相对。一位来自辽宁的学员说完全赞成搞全国统筹，作为基本养老保险制度，应该在全国范围内实现统一，解决各省之间养老保险负担畸轻畸重的不均衡现象。另一位来自广东的学员说反对搞全国统筹，应当允许各省之间存在差异，并且说如果要搞全国统筹，广东目前的基金盈余可能很快就会大幅消耗。这一争议说明，全国统筹不是简单的一声令下就可以统起来的，它涉及中央和地方、各地方之间利益关系的重大调整，所以既要统一规范，又要考虑各地特点，充分发挥中央和地方两个积极性。中央"十二五"规划建议提出"实现基础养老金全国统筹"，可视为制定了时间表，从现在到2015年，如何实现全国统筹，挑战巨大。

关于机关事业单位养老保险改革。《社会保险法》第十条规定，公务员和参照公务员法管理的工作人员养老保险的办法由国务院规定。之前在草案征求意见的过程中，对这一条有2 125条反对意见。意见认为，公务员不需缴纳养老保险费而享受高额养老金，同时企业职工缴费负担沉重但养老金水平却远远低于公务员；在过去公务员与有的企业职工都属于干部的历史背景下，这种悬殊差距的不合理性更加凸显；草案规定使已有的不平等合法化，建议公务员与企业职工实行统一的养老保险制度。虽然最后颁布的法律没有对此作出修订，但推动机关事业单位养老保险制度改革，是统一基本养老保险制度的必然要求，是需要继续探索的。当然，在改革过程中，如何实行统账结合的基本制度，如何建立适合机关事业单位特点的补充养老保险或职业年金，如何实现新老制度的衔接和过渡，这些问题在“十二五”期间能否破解，目前都是未知数。

《礼记·礼运》说：“大道之行也，天下为公；选贤与能，讲信修睦，故人不独亲其亲，不独子其子；使老有所终，壮有所用，幼有所长；矜（同鳏）、寡、孤、独、废、疾者皆有所养。”这描绘了一幅人类理想社会的美好图景——政治民主、经济安全、社会和谐。改革完善社会保障制度，我们正行进在建设人类理想社会的道路上。